Collana

Narrativa Santelli

Serie Nera – Romanzi storici

Coriolano Martirano

CAMPANELLA

Il romanzo del filosofo della città del sole

Collana Narrativa Santelli
Campanella
di Coriolano Martirano
prima edizione: aprile 2021
© 2021, Santelli editore

Gruppo Editoriale Santelli

Santelli editore *dal 1987*
Via P. Calamandrei, 1
Cinisello B. - Milano - 20092
391.4602257
www.santellieditore.it
www.santellionline.it

Impaginazione a cura di Francesco Grano

Prefazione

La biografia di Campanella di Coriolano Martirano mi ha istruito, per la ingente mole di notizie storiche che vi ho trovato, e dilettato, per l'eleganza dello stile e la sapienza della trama narrativa. Del resto, è appunto la combinazione di questi due elementi, cioè la vastità dell'informazione e l'elevata qualità letteraria, a contraddistinguere l'intera opera saggistica di Martirano: e ambedue queste dimensioni sono presenti nel più alto grado del suo Campanella.

La biografia di Martirano prende le mosse dai funerali di Bernardino Telesio nel Duomo di Cosenza e segue l'intero dipanarsi dell'avventurosa vicenda del figlio del ciabattino di Stilo dall'infanzia, all'esperienza conventuale, al processo intentatogli dall'Inquisizione, alla detenzione e alla congiura antispagnola, sino al soggiorno parigino che fu forse il periodo più felice della sua esistenza.

Dalle pagine di Martirano emerge un ritratto a "tutto tondo" delle personalità del Campanella che ci dimostra come la ricostruzione letteraria e artistica, quando congiunta a una rigorosa base documentaria, possa conseguire esiti conoscitivi anche più profondi della pura analisi storiografica. Ma il libro di Martirano ci offre non soltanto un'immagine vivacissima del Campanella, ma anche uno "spaccato" dell'epoca storica in cui egli visse, di cui l'autore lumeggia sapientemente, sullo sfondo dei grandi eventi politici e militari, la mentalità, le abitudini, la cultura.

Con il suo **Campanella**, *Coriolano Martirano ci dà un'ennesima prova, oltre che della sua vasta dottrina e del suo intenso amore per la Calabria e per la tradizione culturale calabrese, delle sue eccellenti capacità di dar vita ad una divulgazione "alta" documentata e mai corriva: un "genere letterario" assai poco coltivato, purtroppo in Italia, ma molto diffuso e giustamente apprezzato in altri ambiti culturali.*

Poiché mi occupo di ricerche molto diverse da quelle storiche e filosofiche, il libro di Martirano ha costituito per me un'occasione preziosa di "acculturazione" su argomenti appassionanti e importanti, sebbene lontani dalla mia attività professionale.

Da questa lettura ho tratto la convinzione che se altri scrittori si dedicassero, con la pazienza, la serietà e l'abilità di Martirano, a rendere piacevole e accessibili al pubblico non specialista tematiche di grande rilevanza culturale, non soltanto se ne gioverebbe il livello di conoscenze diffuso nella società, ma disporremmo di un antidoto contro il pericolo dell'aridità dello specialismo e, forse, contro gli equivoci e le incomprensioni che spesso si verificano tra gli esponenti delle "due culture".

Rosario Aiello
Rettore Università della Calabria

1.

È da poco suonato mezzogiorno quando nel Duomo, parato a lutto, entra lentamente il corteo che il Cardinale Giovanni Evangelista Pallotta, da pochi mesi a Cosenza, apre con alla destra il Vicario ed alla sinistra il Parroco della Cattedrale dove oggi, cinque ottobre del 1588, si celebrano solennemente i funerali di Bernardino Telesio morto nel vecchio Palazzo della Giostra.

Al centro della navata principale, di fronte all'altare maggiore nel quale tremola la candela di Pasqua, il catafalco. Severo nei drappeggi neri orlati d'oro, con frange che lambiscono il pavimento in tufo. Maestoso nella essenzialità delle linee che la luce fioca di quattro fiaccole sottolinea come ad evidenziarne la struttura. E sul catafalco la bara. In noce. Senza borchie, con al centro del coperchio lo stemma di famiglia.

Agli angoli, immobili nella consapevolezza del ruolo, i rappresentanti del Sedile: don Matteo de Matera, don Giantommaso Giannuzzi Savelli, don Franschitto Cavalcanti, don Frescobaldo Passalacqua. Il cappello in testa, piumato. E sulle spalle il mantello dell'Ordine di Malta.

Al centro della navata, il catafalco, diventa il simbolo di una realtà ineluttabile: Telesio, il primo degli uomini nuovi, l'innovatore che ha aperto alla ragione nuovi orizzonti, è lì nella immobilità della morte.

Ed i visi di quanti, e non sono pochi, affollano in questa calda mattina di primi di ottobre, la Cattedrale di Cosenza, manifestano stati d'animo diversi, diverse reazioni, diversi moti dell'anima. È isolato , il catafalco. Al centro della navata. E la luce che piove dal rosone che sovrasta la porta principale quasi incontra la luce che piove dai finestroni laterali e in un tutt'uno piomba sul nero dei paramenti e sfiora, come a lambirla, una folla muta, variopinta, che attonita non oltrepassa le arcate delle navate di destra e di sinistra.

Banchi in legno. Ruvidi. E su questi banchi si dà appuntamento la società che conta ma anche la gente minuta.

È venuto dalla capitale don Fernandez de Cordova in rappresentanza del Viceré, ed il Papa ha inviato quale messo personale il Cardinale Matteo Poggibonsi che ha un posto a parte, lì, sulle scalinate del coro, sotto il baldacchino rosso porpureo che nasconde quassi il trono arcivescovile.

Tutto il capitolo della Cattedrale è raccolto sulle scale della Cappella del Pilerio, mentre la Curia, ad eccezione dell'Arcivescovo cui la dignità cardinalizia riserva un posto di rilievo due passi indietro il trono del Legato Pontificio, come una macchia viola è lì, all'angolo superiore del Presbiterio.

Il Legato Pontificio ed il rappresentante personale del Viceré hanno modo di scambiarsi, sotto voce, impressioni ed idee. E quando il coro dei chierici intona il "Veni creator spiritus" e una nuvola di incenso avvolge le colonne, ovatta le persone, allontana il brillìo delle candele quasi a nasconderle, il Cardinale Pallotta lentamente, quasi a voler sottolineare la gravità del momento, si alza dal trono arcivescovile ed a passi misurati - la croce pastorale nella destra - raggiunge l'altare maggiore attorniato da tre concelebranti.

Inizia la funzione. Ed entrano nella Cattedrale, forse a voler minimizzare la presenza, tre uomini, in nero, quasi in abito monacale, cappuccio sulle spalle. Sono "quelli" dell'Inquisizione che sgusciano tra i banchi delle navate. Pochi li notano. E chi li nota ne ignora la presenza. Che invece è possente perché Telesio anche da morto è al centro dell'attenzione dell'Inquisizione.

Sguardi muti che si incontrano. Un movimento sotto le arcate di sinistra dove nobili ed aristocratici occasionalmente sono vicini. Altro movimento nello spazio riservato agli onorati cittadini. Immobile il Vicario, Altro nella persona. Imponente nei paramenti sacri.

La funzione religiosa va avanti con lentezza. I canti dei chierici coprono il vocìo di un pubblico che segue distrattamente le fasi del rito. E quando il Cardinale, con parole d'occasione che sono state oggetto di valutazione e soprattutto di meditazione per non incorrere in disarmonie pericolose, ricorda la vita e l'opera di Telesio, c'è nel pubblico un ritorno d'attenzione. Il Legato del Papa è attento e segue con apparente interesse le parole del Cardinale. Qualcuno nota che il Sindaco del Sedile dei Nobili con ostentazione volge gli occhi verso il soffitto come se volesse sfuggire alla realtà del momento.

E don Fernandez de Cordova, attorniato da quattro ufficiali dell'Armata, accarezza il drappeggio del mantello, ne alliscia le pieghe e sposta di poco lo spadino che pende da una cintura sulla quale occhieggiano inverosimili pietre preziose. Ogni tanto rivolge lo sguardo oltre l'altare maggiore, dove dietro una grata cantano con soave innocenza le Suore di Santa Maria di Costantinopoli. Aguzza gli occhi. È la prima volta che viene a Cosenza e domani tornerà a Napoli. Vuole conoscere. Sapere. Capire. E la cerimonia funebre che si celebra oggi al Duomo è certo l'occasione migliore per cogliere l'anima della Città, di questa Cosenza che ha amato e che ama ora, ancora di più, Bernardino Telesio. Non solo e non tanto per l'impegno culturale, per le nuove intuizioni filosofiche, per le scoperte scientifiche, quanto per l'impegno civile.

E se quel gruppo a destra dell'organo in radica di noce che inalbera le canne in argento come i vessilli di una nave, e se quel gruppo, sotto le insegne dell'Accademia, è la rappresentanza della Cosenza colta, altri gruppi sono la espressione della Cosenza minuta, della gente semplice che Telesio ha avuto nel cuore quando, molti anni addietro, lui, giovane studente dell'Università di Padova, ha risposto con entusiasmo all'appello del Sedile ed ha persuaso dottori e chirurghi a venire qui nel Lazzaretto degli appestati. E quell'altro gruppo, quello dei nobili, ricorda di Telesio la disponibilità per la gestione del Sedile del quale è stato Sindaco. E gli onorati e gli aristocratici di Telesio ricordano la lucidità nella impostazione dei problemi, quelli spiccioli.

Cosenza oggi lo piange. Lo piange la Città colta e la Città incolta. Lo piange nella sua interezza e nella sua totalità, forse per le sventure che l'hanno colpito. Una tremenda. Brutale. Gli hanno ucciso il figlio, in duello, lassù sotto gli archi di Ciaccio. E Telesio, questo vecchio leone, è caduto. Ferito nella intimità degli affetti più cari, quasi con il rimorso di avere spinto Prospero al sacrificio se è vero che il duello è sorto per difendere il Padre da accuse infamanti. E Cosenza si è stretta allora attorno al Filosofo, come oggi gli è accanto.

Questo fiore reciso, immobile nella navata centrale di una Chiesa che ascolta muta le parole del Cardinale. Che sono misurate. Ricorda il pensiero, ricorda l'opera. Ricorda la vicinanza a quella che chiama la Chiesa della povera gente. Ricorda la pietà. L'amore. Ricorda il legame che lo univa alla sua Cosenza, alla sua Famiglia, ai suoi Amici. E ricorda la disponibilità per le piccole cose. Ma anche per i grandi disegni della Città. Ricorda le idee, le intenzioni. Ricorda il travaglio spirituale di un'anima sempre in bilico tra fede e ragione. Ricorda i torti subiti, le ingiustizie. Ricorda la fragilità di una vita che ha vissuto all'insegna della ricerca, della sperimentazione, della verifica. Un dubbio lo ha sempre travagliato: e voglia Iddio, diceva, che il pensiero non tradisca le intenzioni che sono di umiltà, di fede, di speranza. Ricorda la carità. E maggiormente ricorda l'umiltà, civile e culturale, fino a mettere in dubbio le verità più scontate tutte degne di passare al vaglio di una verifica, la più severa e la più ampia.

Cosenza lo ricorda nella modestia di una partecipazione attiva, fattiva, ideale ai travagli di una vita cittadina tutta intrisa di rinnovamenti, di capovolgimenti. Parte da Cosenza per un atto di amore, Amore per la verità. E torna a Cosenza per un atto di omaggio ad una Città che gli scorre nelle vene.

Questo dicono le occhiate penetranti della gente minuta che in questa calda mattina di ottobre affolla sino all'inverosimile quel Duomo il cui governo era stato offerto alla sua saggezza fatta di equilibrio, di tolleranza, di disponibilità. Amico della povera gente. Lui, nobile. Ma sempre comprensivo, aperto in una collaborazione continua, ininterrotta. E proteso verso una cultura finalizzata alla scoperta di una verità non imposta ma avvertita, verificata, sofferta. Una verità intesa come bisogno spirituale.

I tre dell'Inquisizione scrutano, indagano, cercano di carpire i pensieri degli accademici che lì, nel gruppo esiguo, piangono Telesio. E scrutano gli atteggiamenti dei nobili che attorno al Sindaco non tradiscono i segreti dell'anima loro.

Cosenza è tutta al Duomo. E chi non riesce a vedere si alza sulla punta dei piedi e guarda e guarda e guarda ancora. Gli occhi fissi nel vuoto si posano sulla policromia dei vestiti sgargianti dei dignitari, dei militari, degli aristocratici.

Un posto è la testimonianza di un ruolo, ed un altro al posto sottolinea la funzione svolta nel contesto della Città. Ognuno come se volesse porre l'accento e dire: eccomi qui.

Appartato, invece, quasi nascosto, dietro l'ampio drappeggio che glorifica la statua in legno di Cristo alla colonna, il gruppo dei seminaristi. Venti. Forse di più. O forse di meno. Quasi diafoni nella spettralità delle vesti nere. Su cui lampeggiano occhi luccicanti. Le mani giunte nell'atto della preghiera.

E tra essi, un giovane, tozzo, la testa grossa, forse sproporzionata. Ha gli occhi chiusi come se lo spettacolo non interessasse la sua curiosità che invece è viva per gli argomenti culturali. È lisa la veste. Ed il nero, allentato dal sole, cede il passo a tonalità imprecise che sono cangianti. È giovane, il seminarista. In seconda fila. Le mani cedono alla tentazione di scollarsi. E libere martorizzano un pezzo di panno, ruvido, tessuto nel telaio di legno.

Il seminarista ogni tanto alza gli occhi. Sono scintillanti. E dalle pupille profonde una luce intensa che è fissa lì, al catafalco e quasi si rinfrange al nero dei drappeggi e si impreziosisce all'oro delle frange. E torna agli occhi. E porta alla mente idee di ammirazione, quasi di idolatria.

Non l'ha mai visto. Né lo vede, ora. Chiuso com'è nella bara. Ma di Telesio conosce l'ardore per la verità, l'amore per la verifica, il fuoco parificante del dubbio.

Di Telesio conosce lo spirito indomito. Il coraggio. Conosce la scatenata vocazione alla costruzione della verità che sia prima di tutto disegno di vita. E lo ama.

Ama la cultura, la vita. Ama Telesio. Per averlo intuito nelle notti insonni, là nelle camerate buie, e fredde, dei dormitori dei conventi.

Telesio. È lì. A pochi passi. Insensibile nella freddezza della morte. È lì. Senza vita. Ma con la ricchezza delle idee che sono il viatico più vero per questo giovane seminarista che fissa gli occhi sul catafalco. E non li stacca se non per cogliere dall'atteggiamento ora compunto ed ora mesto e sempre d'occasione stati d'animo che sono lo specchio di passioni sociali, di scalate economiche, di ambizioni politiche.

Non l'ha mai conosciuto, Telesio, questo robusto seminarista che però ha letto del Filosofo, carpendoli nelle biblioteche dei conventi, i libri fino ad ora pubblicati. E di questi, ancora digiuno di fisica ma ricco di desiderio di conoscenza, il giovane seminarista, nascondendoli ai superiore, ha redatto dei sunti, che porta sempre con sé, nella enorme tasca interna della tonaca sbiadita. Sono fogli sparsi, scritti con grafia nervosa quasi di nascosto, alla fioca luce di una lampada ad olio alimentata, goccia a goccia, nelle veglie notturne.

Ed ora eccolo lì, Telesio. Nella freddezza della morte, irrigidito. Osannato dalle ufficialità della Curia, del Viceregno, del Sedile. Quella Curia, quel Viceregno e quel Sedile che in vita lo hanno tanto avversato. Eccolo lì, nella navata centrale del Duomo della sua Cosenza, la diletta come amava chiamarla quando la nostalgia della casa paterna, lassù a ridosso del convento di San Francesco d'Assisi, lo inchiodava ai ricordi dell'infanzia. Lui, Telesio, sì che di ricordi ne aveva.

Sono pensieri che aleggiano come folate di tramontana, nella mente del giovane seminarista. Lui, Telesio, sì che di ricordi ne aveva. E tanti. Nato tra i libri.

Ecco, questo è il pensiero dominante del seminarista che non avverte il trillo del campanello del Santus. Ecco, lui sì che ha goduto tra i libri.

Perché, e gli viene in mente la descrizione del Palazzo Telesio fattagli nel Seminario, dal Padre Guardiano, la biblioteca Telesio era ricca. Lo è ancora?

E non cede alla tentazione di comparare l'infanzia di Telesio con la sua. La sua, quella del seminarista che in piedi sembra, avvolto dalla tonaca lisa, il fusto spennacchiato di una quercia, che è stata misera.

E sorride ricordando, anche se per un attimo, quando di nascosto, in bilico, su due pietre di fiume, origliava dalla finestra socchiusa, le lezioni di un maestro ad un ottuso scolaro. Ricco.

Sorride perché gli viene in mente il ricordo di quell'età. Ma è un attimo. Sfuggente.

Lo riporta alla realtà l'odore acre dell'inceso, quando, subito dopo l'elevazione, il Cardinale officiante, benedice il catafalco. Che direbbe Telesio di questo incenso? Forse ne sorriderebbe. O no? L'accetterebbe come manifestazione di quella stima che la Curia in fondo gli ha negato. O lo considererebbe come una riparazione, pure se postuma? O forse ancora questo incenso che straripa appannando l'argento dell'ostensorio, questo incenso che avvolge in una nuvola evanescente la navata centrale del Duomo è, o no, non può essere, o forse sì, questo incenso è l'esplosione di gioia di chi finalmente lo vede lì, Telesio, nell'immobilità della morte. La morte? E dov'è adesso Telesio? L'anima sua è in cielo perché in fondo il cielo lo merita. O ha ragione l'Inquisizione, a solo pensarlo ha paura, quando l'addita come pericolo per la coscienza?

Il seminarista, le mani possenti si inumidiscono e a contatto con la tonaca lisa dal tempo diventano lucide, abbandona per un attimo i pensiero che gli scorrono nella mente e con gli occhi che scintillano come se splendessero di gioia, fissa intensamente il catafalco che la nuvola di incenso trasforma in un irreale cratere. Una di quelle carbonaie che il seminarista ha visto da bambino lassù, sui primi contrafforti delle montagne sovrastanti la sua Stilo, saltava da albero ad albero alla ricerca ora di funghi ed ora di cicoria, per portarli a casa.

Com'era la casa? Una sola stanza. All'angolo, verso la porta che era anche finestra, il banchetto da ciabattino. Perché papà, ed ha un moto di stizza, era ciabattino. Telesio no, Telesio era figlio del nobile Telesio, nipote del nobile don Antonio che gli ha aperto le porte della Curia a Cosenza, della Corte Pontificia a Roma. E anche della Università a Padova. Certo, ed una punta di ironia fa tremare le labbra, non ha origliato da dietro una porta ma ha ascoltato le lezioni di Parrasio. È un merito? O una fortuna. No, no. Pensa il giovane seminarista. La nascita è un caso. Un bel caso quando avviene nel Palazzo patrizio di San Francesco d'Assisi. Ma resterebbe un caso se non incontrasse la disponibilità di utilizzarla. Telesio. D'accordo.

Ma quanti altri nobili, e fissa il gruppo che attornia il Sindaco, conoscono sì e no l'alfabeto, eppure i mezzi l'hanno avuti. Ma non sono andati oltre la loro firma. Nemmeno. E sorride. Ed il sorriso sul viso duro somiglia ad una rosa che spunta da una roccia. Perché i nobili non firmano. Buttano giù sulle pergamena l'anello con lo stemma di famiglia.

Il Cardinale si inchina davanti al crocifisso. Gira attorno all'altare e con le mani diafane, affusolate le dita, alza il calice in segno di ringraziamento.

La funzione volge al termine. Ed il protocollo concordato in Curia con il Sedile e gli organi vicereali, prevedo a questo punto l'atto di omaggio della Città alla salma del Filosofo.

Lentamente, come una frana che si stacca dal costone della montagna e scende a valle, il Preside della Città con a destra due ufficiali dell'Armata nella sfolgorante divisa a fasce gialle e blu, si avvicina al catafalco. Un inchino senza muovere il busto. Con le mani guantate accosta alla bocca la frangia del drappeggio e la bacia senza convinzione.

Il Preside? Lo fissa con gli occhi scintillanti il giovane seminarista. E perché non il Governatore? E il Sindaco? Sorride. E guarda do sottecchio il rappresentante personale del Vicario. La Spagna è presente. Massicciamente. E trova nelle istituzioni uno strumento di potere. Subisce quelle autentiche. Il Sedile. E valorizza quelle di comodo. Ma che vuole il Preside? Questa è una ipocrisia.

La Spagna. Un fiume di idee, di considerazioni. Un fiume di recriminazioni, di cose mai dette e pensate. La Spagna. Certo. Ci salva dalle incursioni degli arabi. Come se fossero nostri nemici. E lo sono. Ma potrebbero diventare nostri amici. Amici della nostra battaglia. La Spagna. Eccola lì, nella sfolgorante potenza dell'armata che fa terra bruciata, che distrugge, che annienta, che umilia. Che soffoca la nostra libertà.

Ma l'abbiamo questa vocazione alla libertà. Libertà come mezzo per la indipendenza. Come strumento finalizzato alla scoperta di valori che pongano l'uomo nella dimensione superiore della autocoscienza. E allora sì che ogni apporto è valido. Che ogni alleanza è utile. Che ogni collaborazione diventa necessaria per il raggiungimento del fine. E come una cordata dove uno aiuta l'altro e dove l'altro senza conoscere l'uno tira la corda da una parte. Senza chiedere né fede religiosa, né credo politico.

O non è scritto nel libro della saggezza, che è il Vangelo di nostro Signore, di utilizzare a fin di bene le forze, tutte le forze, anche quelle ritenute del male, ma il male non è forse creato da Dio onnipotente, e benedetto da Dio. È può essere gradita a Dio onnipotente la prepotenza di chi impone una verità che è strumento di potere? Di chi annienta umiliandola la libertà dell'uomo che è figlia diletta di Dio? Eccoli i nostri padroni.

Ed il seminarista guarda fissamente il drappello di soldato dell'Armata, quasi a presidio dell'altare maggiore di fronte al quale il Cardinale officiante prega con le mani giunte ma con la mente lontana. Eccoli i nostri padroni. Che annullano l'essenza nostra di essere uomini. Uomini veri. Figli di Dio. Uomini liberi in uno stato indipendente. Eccoli tra di noi. E noi ad ossequiarli. Perché ci difendono dagli infedeli. Gli infedeli? Nostri fratelli che non sono stati baciati dalla fede. E a noi vicini, perché fatti della stessa carne, con la stessa anima. Nati dalla onnipotente volontà di un Dio che è il Dio mio e tuo, caro fratello in Gesù Cristo, nostro Signore. Liberiamoci dal fardello della prepotenza. È un dovere che diventa un diritto.

Il seminarista è assente dalla realtà che lo circonda. E lo scuote la mano severa del sorvegliante. Una occhiata penetrante. Il seminarista torna in sé. E osserva con interesse frammisto a disappunto l'omaggio che il Preside, cui si appaia il Sindaco a due passi di distanza, rende al catafalco che innalza la bara in cui riposano le spoglie di Telesio. Il mio Filosofo. Tu che mi hai insegnato a cercare in me, a cercare negli altri, a cercare nella natura quella verità che p dono di Dio e che se fosse imposta impoverirebbe l'essenza della nostra libertà. E non ti ho conosciuto. Ma conosco le tue idee. E le faccio mie. Come sono di tutti quelli che amano la libertà.

Ora t'hanno chiuso in queste tavole lucide, tra i ceri, nell'incenso. E non sanno che tu non sei lì, ma sei nel potere, non sei nella caducità del tempo. Tu appartieni a me ed appartieni al mondo. Tu sei nella natura del mondo. Nella mia anima. E nell'anima di tutti. E nell'anima del mondo. Tu sei immortale e universale ed appartieni alla eternità perché hai aperto all'uomo orizzonti di verità.

Il canto dei chierici sovrasta le note dell'organo. E già si forma il corteo che accompagnerà le spoglie di Telesio alla navata laterale, dopo la sacrestia, nella cappella dei nobili dove la salma sarà immolata, quando al seminarista non sfuggono le beghe di precedenza che sono rette da un rigido regolamento.

Alla testa del corteo, il fratello, quello giovane del Filosofo, un po' filantropo ed un po' dissoluto, signore di Cerisano per la parentela, e quindi l'acquisizione in dote, del feudo del Sersale.

Doppia parentela perché il Filosofo aveva sposato donna Diana Sersale. Ad un passo, una sulla destra e quindi in proiezione avanzata, il Cardinale Arcivescovo di Cosenza che dà a sua volta la destra al Legato Pontificio. Sulla sinistra, attorniato dagli ufficiali dell'Armata, il rappresentante del Viceré. Pochi passi più indietro il Preside. E accanto il Sindaco. Poi la Curia al completo.

Il corteo si muove con solennità, tra il fumo intenso dell'incenso. Arrivano dall'esterno i rintocchi del campanone.

Quando il corteo gira sulla sinistra per imboccare la navata della cappella, quattro nobili alzano il feretro, coperto dal drappo nero con le frange d'oro.

Il rintocco del campanone. S'ode soltanto il crepitio della fiamma di una torcia che incendia il velluto di protezione.

Dal gruppo esce il seminarista. È rosso in viso. Tremano le mani nerborute e con impeto si avvicina alla bara. La bacia. Cade in ginocchio ed attacca al drappo nero un foglio in pergamena.

Corrono gli armati. Ed il seminarista è di peso portato in sacrestia.

2.

Stigliano è poco lontano dal Stilo e si adagia sullo sperone roccioso del monte Consolino dove la brezza dello Ionio arriva smorzata dalla barriera degli uliveti che a valle macchiano di verde i colori opalescenti di una Calabria che sembra voglia affacciarsi verso l'Africa per carpirne i segreti e per cullarne le antiche magie.

In questa seconda metà del secolo sedicesimo a Stigliano e quindi a Stilo si arriva soltanto per mare, inerpicandosi poi sulle falde delle colline fino ad arrivare sui costoni delle montagne da dove tutto lo Ionio si coglie nel fascino dei colori che variano col cambiare del tempo e anche col mutare delle stagioni. Nemmeno l'Armata è arrivata quassù dove la vita segue il ritmo antico delle antiche credenze, degli antichi usi, delle antiche abitudini fatte di una saggezza improntata alla ineluttabilità degli eventi che incombono su uomini senza prospettiva, privi di una speranza che non hanno, carenti di una prospettiva che non avvertono. E le ore e i giorni e i mesi e gli anni e con gli anni i secoli passano nella consumazione del tempo che perde ogni dimensione. E l'estate e l'inverno succedono l'un l'altro con la sola novità del caldo che si avvicenda al freddo. Nessuna ambizione. E non perché diventa irrealizzabile, ma perché non è avvertita da uomini induriti dalla fatica che non perde i connotati della dannazione biblica.

La terra è avara. E produce quel poco che alimenta una esistenza misera. Incupiti da una credenza ancestrale nel destino che è la manifestazione della volontà di Dio al quale credono con morbosità pagana, gli uomini di Stilo grattano una terra seminata di pietre. E quel grano che nasce a ciuffi, uno qua ed un altro là, tra cumuli di pietre dove si nascondono, d'estate, le serpi, è l'unica ricchezza che consente la sopravvivenza.

Le case sono di fango misto a paglia. E l'uscio, in canna, è anche la finestra. E nella casa, sotto il letto, chi è più ricco ha la pecora e chi p più povero ha la gallina e tutti hanno il porco che assicura, d'inverno, il companatico per una intera stagione.

Ogni tanto arriva a dorso di mulo, ed è festa grande, un Padre Cappuccino. Raccoglie le offerte. Carica il mulo e, data la benedizione, se ne va scomparendo tra i cespugli di rovi che rompono la monotonia della roccia.

In questo ambiente il 5 settembre 1568, è di venerdì, in una casa dove per fare luce si accende un fascio di ristoppie nasce Tommaso Campanella. Dal padre Geronimo e dalla madre Catarinella che è il soprannome di Caterina Basile. Lo attesta l'atto di battesimo che è del 12 settembre 1568.

Ciabattino. Analfabeta. Ma saggio. Geronimo è un po' la coscienza critica di questa piccola contrada di Stiole dove non arriva l'eco dei grandi avvenimenti che sconvolgono il mondo. E la casa, una sola stanza con il camino che d'estate diventa ripostiglio, è il ritrovo di Stigliano. Lui, Geronimo, curvo sulle scarpe da rattoppare, e gli altri attorno a parlare della pecora che non figlia, della grandine che percuote gli aalberi, del Padre Cappuccino che tarda a venire. E c'è nella casa di Geronimo un'atmosfera diversa dalle altre case, perché lui, da giovane, è stato rapito - ma c'è chi dice che è andato volontario - dai pirati ed ha percorso il mare come mozzo in un tre alberi veloce. E racconta le imprese dei pirati con una ammirazione mal celata; decanta la intelligenza di quelli che chiama i "nievuri" verso i quali nutre una palese simpatica. Forse perché gli arabi gli hanno insegnato tante cose e fra queste, la più importante, gli hanno insegnato a conoscere le stelle.

E Geronimo parla con quel punto lontano che brilla nelle notti fredde di gennaio accanto alla Luna e racconta alle stelle i pensieri, magari i sogni e certo le chimere. Perché Geronimo questi pensieri, questi sogni, queste chimere le culla in un cuore che pulsa di più ora che accanto al banchetto del ciabattino c'è una culla ricavata da un tronco di pino. E lo guarda questo bambino. E lo culla. E lo bacia. E lo veglia. E l'accudisce specie quando Catarinella è nei campi a raccogliere le cicorie per la cena.

I giorni, i mesi e gli anni passano veloci.

Dal costone inferiore del Consolino i giovani di Stigliano scrutano la sconfinata immensità dello Ionio. È timore ed è speranza, la loro. Timore che ad arrivare con le vele bianche siano i tunisini che rubano e rapiscono, speranza che ad arrivare con le vele blu, quasi a confondersi con il mare siano gli arabi che offrono lavoro di là dello Ionio, che insegnano a coltivare la terra, che portano sementi ed attrezzi. A questi giovani il ciabattino, che culla nel tronco di pino un fanciullo paffuto, racconta storie bellissime di città immense ricoperte di marmo, di palazzi, di cavalli. E quando il fanciullo diventa bambino è a lui che racconta le storie. E l'incanta con quelle che non sono le favole dell'impossibile ma con quelli che sono i racconti di una verità vissuta.

Il mare. Ed i porti. E le città. E nelle città i palazzi. E nei palazzi, lo dice a bassa voce per non fare ascoltare Catarinella, donne bellissime con il viso coperto da veli che lascino intuire bocche carnose. Tra una martellata su scarpe inverosimilmente irreparabili ed una "sugliata" che tenga ben salde, si fa per dire, pelli di capra, Geronimo parla di un mondo che affascina la fantasia sveglia di questo piccolo Tommaso che è vivace specie quando il padre descrive le avventure degli arabi nei mari tempestosi tra arrembaggi e battaglie combattute per la conquista di una nave.

Alla fiumara Precariti, sul cui letto eternamente secco si specchia nell'allucinante chiarore di un sole quasi eternamente sfavillante la piccola Stigliano, Tommaso, ormai grandicello, a cinque anni, si reca spesso. E salta da pietra a pietra simulando duelli, mimando attacchi alle navi, inventando combattimenti. E diventa il capo riconosciuto di una brigata di ragazzi che impiegano il tempo a raccogliere nidi di uccelli, a posare trappole, a raccogliere frutta. Della brigata fa parte Giannettino, il secondogenito del farmacista di Stilo che è possidente terriero e che possiede casa in paese e villa in campagna, carrozze a due cavalli ma senza cocchiere ed un fattore che in gioventù è stato frate questuante del Convento dei Cappuccini e che ha quindi tutti i numeri per svolgere la funzione di pedagogo.

Le lezioni avvengono all'aperto, nell'ampio giardino della villa che il terremoto di qualche anno fa ha ampiamente danneggiato. Due ore la mattina e due al pomeriggio, tra la disattenzione di Giannettino con l'occhio fisso alla fiumara Precariti dove l'amico del cuore guida una compagnia allegra di allegri coetanei. Donna Ermenegilda, l'energica madre di Giannettino, riesce a convincere il farmacista, con motivi assai convincenti, che buon partito sarebbe quello di accogliere Tommaso per allettare il ritroso ragazzo a seguire le lezioni.

Diventa perciò ancora più intenso il rapporto tra i due e Tommaso carpisce persino dai pensieri del pedagogo quegli insegnamenti che lasciano invece indifferente l'apatico Giannettino. Le lezioni diventano perciò un dialogo tra il fattore del farmacista ed il figlio del ciabattino, che avido di conoscenza e ricco di apprendimento, desta l'invidia di donna Ermenegilda. Tanto è che di lì a poco dice chiaramente a Tommaso che l'ora dei giochi non deve coincidere con quella degli studi. Un modo elegante per dire all'attonito Tommaso che le lezioni del fattore sono terminate. Diventano invece più intense per Giannettino e il figlio del ciabattino, che è assetato di studi, nascosto dietro la siepe del giardino ascolta in silenzio quello che non vuole ascoltare il figlio del farmacista.

A sera, alla luce fioca di un'esile fiammella che spesso lo spiffero della porta spegne, ne parla col padre. E ripete nozioni e commenti che ha ascoltato la mattina ed il pomeriggio. E la notte, quando la luce della lanterna diventa quasi invisibile, senza il minimo rumore scende dal letto e sul banchetto del calzolaio, su carta raccolta per strada, scrive e riscrive parole a volte senza senso, e lo fa per fissare alla mente vocali e consonanti, per esercitarsi nella scrittura che diventa l'impegno suo più costante.

Col padre ha un rapporto eccellente. Ma con la madre no. La madre non ha interessi se non quelli della campagna che d'estate è brulla e che d'inverno diventa un pantano. E quel calzolaio che ha solcato i mari a bordo di un tre alberi arabo e che ha visitato porti e che ha ammirato città e che ha parlato persino con un capitano della ciurma che gli ha dato in ricordo la scimitarra ap-

pesa al muro, quello a destra del camino, e quel calzolaio accende nella fantasia di Tommaso la curiosità per la
conoscenza di nozioni, di esperienze, di verifiche.

Ma ciò che lo incuriosisce di più è il modo di vivere
degli arabi, la religiosità in particolare. Il calzolaio parla
di un Dio che è il Dio di tutti. E ogni uomo lo vede, lo
intuisce, lo immagina a modo suo e lo adora in modo diverso. Ma il Dio è uno, dice il ciabattino, perché è il padre unico, il padre solo di tutto il mondo. E nel mondo
sono gli uomini a diversificarsi. Non è Dio. Perché Dio,
dice nelle lunghe sere d'inverno il paziente calzolaio al
curioso ragazzo che origlia da dietro la siepe del giardino le lezioni del fatto del farmacista, è uno spirito puris-
simo, E noi non lo vediamo perché non ne abbiamo la
capacità, ma Lui ci è vicino e ci lascia fare perché l'uomo
è libero e nessuna potenza della terra può incatenare la
scatenata libertà dell'anima. Che è l'essenza della vita.

Tommaso, accovacciato dietro la siepe, ascolta. E a
Stigliano ormai lo sanno tutti. E lo sa anche il fattore che
alza la voce quando spiega a Giannettino le prime nozioni di storia, di aritmetica, di scienza. Tommaso capta
questi insegnamenti e la sera ne parla col padre mentre
fissa nella mente le nozioni acquisite che si sviluppano
in un ventaglio meraviglioso di meditazione.

Quelle storie fantastiche, vere o non vere importa
poco, di abbordaggi e di rapimenti, di battaglie e di pi-
rateria, nel racconto del ciabattino hanno un filo logico
che è costante. Nel mondo nulla avviene senza il potere
della ragione. È questa la vera e quindi l'unica ricchezza che l'uomo possiede. Non importa se come dono di
Dio o come conquista dell'anima. È con la ragione che
l'uomo diventa consapevole del mondo che lo circonda.
È con la ragione che conquista potenza, potere e ricchezza. Ma Dio e lì in alto, più in alto della stella più alta ed è

in terra, è nel cuore di ognuno, è dentro di noi. Ci porta per mano e ci lascia liberi di agire nel bene e nel male. Un unico Dio che è bianco e che è nero se l'uomo che crede in Lui è bianco o è nero. Un unico Dio.

Ha quasi dieci anni il figlio del ciabattino, quando si pone assillante il problema dell'apporto che è chiamato a dare alla misera economia familiare, dove le entrare sono esigue anche se le esigenze sono altrettanto modeste, c'è diversità di vedute tra Catarinella ed il marito. Quella lo vuole in campagna per allargare l'orto ed ampliare i campi dei cavoli, questi lo vuole a bottega con la segreta, ma mai confessata speranza di alimentare l'irrefrenabile desiderio di studio. Né trova credito una soluzione mediana, quella proposta dal fattore del farmacista che è ormai di Casa a casa Campanella. Facciamone un pecoraio, dice con una punta di saggezza. E gli diamo la possibilità di un lavoro intanto remunerativo e gli offriamo l'occasione per continuare quelle meditazioni che sono le attività che preferisce.

I tempi stringono anche perché l'estate del 1578 è torrida al punto da bruciare i raccolti. È la carestia seguita nei primi mesi dell'inverno da una delle tante ricorrenti pestilenze. Ed in questa occasione Stilo ha un po' di notorietà perché la peste sarebbe arrivata sulle coste dello Ionio, proprio là dove il roccioso monte Consolino scende fino al mare, a bordo di una imbarcazione araba.

Arrivano dalla capitale due speziali e prendono alloggio nella villa del farmacista dove Tommaso, pur se allontanato dalle lezioni del fattore, è ammesso per il trastullo di Giannettino. Una mattina, verso i primi di novembre quando il giardino è tutto un letto di foglie che il primo vento dell'inverno scompiglia irregolarmente, i due speziali discutono passeggiando sotto i rami stecchiti dei castagni che in filara costeggiano il parco. Parlano di peste, di arabi, di volontà di Dio. E dicono che la pestilenza è come la presenza del Signore. Anzi, puntualizza uno dei due, quello che indossa una zimarra turchina che luccica alle carezze di un pallido sole ammalato, è la volontà di Dio. Del nostro Dio. Che si serve degli infedeli per far capire ai fedeli che la scostumatezza dei costumi causa la punizione divina.

Tommaso e Giannettino inseguono un cerchio. Che rotola giù verso lo spiazzo contornato dai castagni là dove i due speziali attendono la colazione del mattino e passeggiano lentamente e discutono senza impegno.

È la volontà di Dio la causa della pestilenza. E Dio, nostro Signore, vuole, e giustamente, commenta l'altro che tiene fisso l'occhio alla porta da dove prima o poi spunterà il vassoio, dare una punizione agli uomini, che sono grandi peccatori.

Il cerchio nella corsa sfrenata arriva sullo spiazzo ed urta, rovesciandosi alla panca di legno che cade e cadendo trascina dei libri. Quelli degli speziali.

È troppo forte la tentazione. Alla quale Tommaso non resiste. E sordo alle esortazioni di Giannettino che implora con tono arrogante di riprendere il gioco, con mani tremanti raccoglie da terra uno dei tre libri e lo sfoglia con l'avidità dell'assetato che trova una fontana nel deserto.

È il primo impatto di Tommaso con la carta stampata.

Gli occhi luccicano e tradiscono una sensazione che + di soddisfazione e di gioia; certo di felicità e forse anche di esaltazione. Lo sfoglia, quel libro, con le mani che sudano, foglio dopo foglio in una sequenza ritmica di febbrile volontà di scoperta. Che è desiderio di conoscenza.

La testa grossa ingigantita da capelli ricciuti, alti

come una catasta di legna che alimentano il fuoco della conoscenza. Le mani tozze, irte le dita, nodose. Come quelle di un contadino. E gli occhi azzurri color dello Ionio quando a primavera rispecchia l'immensità del cielo, fissano le parole che non legge perché l'animazione è intensa e gli fa battere forte il cuore.

A pochi passi Giannettino continua invano a chiamarlo. Gli speziali son fermi. Interrompono la discussione e guardano tra stupore e meraviglia la scena del ragazzo che si incanta esaltandosi al contatto del libro. Che è contatto ideale ma anche fisico. E muti si avvicinano e colgono quasi il batti del cuore di Tommaso. Che alza gli occhi e li trova lì, davanti a lui. Alti come due pini.

Un incontro con gli occhi. Poi parole di scuse. Non volevo. Perdonatemi. Non ditelo a donna Ermenegilda. È la prima volta, lo scoprono dalle confessioni di Tommaso, che quel ragazzo ha tra le mani un libro.

Un libro? È la proiezione concreta del pensiero, tenta di spiegare lo speziale con la zimarra turchina. E qualcuno, anzi molti, corregge affettuosamente l'altro, ti dirà, mio caro ragazzo, che i libri sono invenzione del diavolo. Ma tu non credere a costoro e sappi che i libri sono lo specchio parlante della mente che è espressione di libertà e sappi ancora che i libri sono il mezzo che fa tremare il mondo.

Tommaso ascolta impietrito. Nessuno, ed ha dieci anni, gli ha mai parlato così. Soltanto il padre gli ha raccontato le storie incredibili dei pirati e delle battaglie ed il fattore gli ha, alzando la voce per farlo ascoltare, insegnato a leggere e a scrivere. Ed ora ha un libro tra le mani. Un libro che odora di muffa. Ma che è vivo. Che parla.

I due speziali lo interrogano e Tommaso racconta

senza pietismo e senza enfasi la vita della sua famiglia. Che è un po' la vita di tutte le famiglie di Stigliano. Racconta come ha appreso le nozioni dello scrivere e del leggere. I due speziali sorridono quando vedono la siepe oltre la quale il ragazzo ascolta dal di là e dal di qua insegna allo svogliato Giannettino il buon fatto che è stato con i pirati. Sorridono quando Tommaso dice loro che il padre, un ciabattino, gli racconta le avventure dei musulmani, le battaglie in terra Santa. Quando gli descrive città e palazzi che forse non ha mai visto ma che esistono perché sono vere nella sua fantasia e dice loro che la mamma e il padre discutono sul lavoro che deve fare. Un avvenire nel quale non c'è spazio per la cultura.

Una folata di vento solleva il lembo della zimarra dello speziale. L'altro accarezza Tommaso e con un sorriso che insieme è dolcezza e pregni per l'avvenire gli porge un libro. È tuo, gli dice.

Mio? Un libro mio? Tommaso diventa rosso in viso e le vene del collo, un collo taurino forse per sostenere la grossezza della testa, battono con celerità. Quasi non crede al dono e per un attimo pensa ad una beffa. Ma i due speziali raccolgono i libri e lo accarezzano e se ne vanno camminando lentamente sul tappeto di foglie ingiallito che l'umidità della mattina incolla impedendo al vento di sollevarle.

Un libro?

È mio. I pensieri di Tommaso si accavallano e la prima considerazione che gli viene in mente è questa. Non c'è nemmeno a casa del farmacista un libro. Mentre io ce l'ho. Una punta di orgoglio. La soddisfazione e poi i progetti: non leggerò poco alla volta oppure di un fiato? lo leggerò. E lo farò vedere agli altri. No, no. Il libro è mio. Lo leggerò poco alla volta.

E lo leggerò a papà alla sera quando col martello

batte sulla suola. Oppure no? Certo. Adesso posso anche accontentare tutti e due mamma e papà. Ed andare a pascolare le pecore. Ho un libro che mi terrà compagnia.

Sono questi ed altri pensieri che come un mulino a vento in una notte di tempesta turbinano nella mente di Tommaso che a passi veloci si avvia verso casa per mostrare il libro e per dire che la vita oggi cambia direzione.

Incontra donna Ermenegilda. La saluta togliendosi la coppola di velluto e nasconde il libro perché ha paura che glielo porti via, evita il fattore ed a Giannettino dà appuntamento per l'indomani. Poi di corsa verso casa. L'uscio è accostato. Dalla stanza arrivano smorzate le voci confuse di una discussione in cui emerge sempre un tono di voce. Aguzza le orecchie. Ma certo. La conosce questa voce. È quella dello speziale. Lo speziale con la zimarra azzurra. Da una fessura coglie un angolino. Il padre è in piedi e i due speziali seduti, uno sullo sgabello senza spalliera e l'altro sulla sponda del letto. Un raggio di sole attraversa la fessura e picchia su un lembo di zimarra.

Il padre non lo vede ma se ne avverte la presenza. Tende l'orecchio. Forse, pensa, mi accusano di aver rubato il libro ma è testimone Dio che il libro non l'ho rubato. È sta quasi per buttarlo nell'acquaro che scorre sotto casa per distruggere la prova del furto (ad avere a che fare con la legge, dice il padre è sempre un brutto affare) quando si trattiene. Dovessi andare in prigione, è risoluto, ma il libro non lo butto, il libro è mio. Me lo hanno regalato e sono signori e i signori non devono e non possono dire bugie. Non possono accusarmi. Trema. Le mani sudate stringono al petto il libro che se potesse annoterebbe l'eccitazione del cuore. Tende ancora meglio l'orecchio ed ascolta qualche parola: È un peccato... una pausa... è un peccato... e poi illuminante come il sole che sorge da dietro il Consolino le solenni parole dello speziale con la zimarra azzurra: dovete farlo studiare.

Tommaso non riesce a trattenere un grido di gioia. Balza in piedi e spalanca la porta.

Si fa silenzio. Poi il padre lo chiama con un gesto e lo stringe al petto. Gli accarezza i capelli irsuti come la criniera di un mulo quando si ostina a non guadare il fiume.

Dovete farlo studiare.

Una sentenza che accende nell'animo di Tommaso speranze e illusioni. Un'occhiata senza parlare al padre. Gli occhi si incontrano.

I due speziali salutano e lasciano la casa.

Restano in tre. Tommaso al centro tra la mamma che piange e il padre che bestemmia una divinità musulmana.

Il sole è alto e filtra dalla porta socchiusa portando nella stanza del ciabattino con un fascio di luce la speranza per l'avvenire.

3.

Più che vocazione religiosa è uno stato di necessità. Il bisogno prepotente di evadere. L'isolamento di Stilo deprime gli aneliti culturali di Tommaso e maggiormente appiattisce l'effervescenza di una intelligenza che spazia in ogni campo del sapere per carpire quelli che considera i segreti dell'uomo.

La decisione è irrevocabile. E dopo un primo tentativo di resistenza messo in atto per avere accanto a sé un ragazzo cui raccontare nelle lunghe notti d'inverno le impossibili storie dei pirati, il ciabattino si arrende alla realtà. Con un segno di croce innaffiato di lacrime sincere sottoscrive l'autorizzazione in virtù della quale Tommaso Campanella, di anni tredici, di buona costumanza, è deputato a vestire il saio bianco "dei cani del Signore". Entra senza entusiasmo ma come ineluttabile necessità nell'Ordine dei Padri Domenicani.

La cerimonia, nell'austero convento di Placanica, è insieme semplice e solenne. E quando il Padre Superiore lo interroga ripetutamente assumendo come vuole la regola, le vesti di avvocato del Diavolo, Tommaso risponde con argomentazioni che destano ammirazione ma anche sospetto, specialmente a proposito delle voci che il giovane dice candidamente di non avere udito e di avere invece praticato la via dell'amore per la cultura.

È una confessione che risulterà pericolosa in avvenire e che contribuirà non poco alle sventure di Tommaso, ma che al momento della vestizione, conferisce alla personalità di quello che resta il figlio dello scarparo di Stilo, un fascino che attira l'attenzione, non solo del Superiore, quanto di tutta intera la comunità monacale di Placanica. Attenzione che nel Superiore diventa ammirazione ma che in molti altri Padri diventa sospetto. Ed è Tommaso in queste intense giornate primaverili del 1581 che dà un senso, quasi una spiegazione, alla candida confessione resa quando dichiara di avere bussato alla porta del Convento per conoscere la verità.

Non è forse questa conoscenza, risponde Tommaso alle incalzanti domande dei domenicani che si avvicendano in un serrato interrogatorio, la dimostrazione dell'esigenza di volere incontrare Iddio?

Cultura come strumento di vicinanza alla religione e di più come mezzo indispensabile per l'acquisizione di una convinzione che ponga Dio al centro dell'anima umana che è come dire l'anima del mondo.

Ha tredici anni. È rozzo nel portamento. La testa quasi quadrata si adagia su un collo rettangolare sostenuto da spalle a trapezio che nemmeno lo svolazzante saio bianco riesce ad ammorbidire.

Il Padre Superiore, in età avanzata, ammira nel giovane la prontezza nelle risposte che sono il risultato di una intuizione alla quale la cultura, che allo stato manca, conferirà pienezza di convinzione come strumento di proiezione all'esterno della parola e quindi del messaggio cristiano.

Del giovane di Stilo apprezza la sincerità, stima la logica nell'impostazione del ragionamento e si entusiasma all'entusiasmo che porta la conoscenza dei segreti della cultura. Un mondo che Tommaso vuole penetrare nella variegata concretezza delle discipline perché, e lo dice con candore disarmante al divertito Padre Superiore, Iddio ha creato l'intelligenza dell'uomo e ha creato nel mondo la realtà fisica, le sue regole e la sua fenomenologia.

È dall'incontro di queste manifestazioni divine che nasce la conoscenza come mezzo di avvicinamento a Dio.

Né riescono le remore del Padre Guardiano e più massicciamente quelle del Vicario del Vescovo che insieme assistono a tutte le fasi dell'interrogatorio, a distogliere il Padre Superiore dalla decisione di spalancare le porte dell'Ordine dei Domenicani all'umile figlio dello scarparo di Stilo.

È di domenica. La domenica delle Palme del 1582 quando Tommaso Campanella nella Chiesa barocca del Convento di Placanica, disteso a terra con il viso schiacciato contro il selciato del pavimento, riceve solennemente la tonsura. In un angolo della navata centrale, Geronimo e Catarinella, quello nell'abito scuro della festa e questa nel costume variopinti di Stilo, hanno gli occhi umidi di pianto quando a cerimonia conclusa il Superiore, nella solennità dei paramenti sacri, chiama ad alta voce Tommaso Fratello, Figlio del Signore.

Forse Geronimo e Catarinella pensano che da oggi in poi Tommaso è Frate Tommaso, per diventare poi Padre Tommaso e finalmente essere chiamato don Tommaso. Quel don riservato al farmacista e ai pochi notabili di Stilo entra nella umiltà di casa Campanella. E la qualifica.

È un pensiero. Fugace. Che accende un sorriso sul viso di Geronimo e di Catarinella offuscato però dal timore che quello non sarà più figlio loro. Ma figlio dell'Ordine e fratello di tutti.

Il commiato è freddo. Frate Tommaso sa che deve

tagliare i ponti con la famiglia. La famiglia. La ha nel cuore con animo riconoscente. Amore per Catarinella, questa donna semplice che non è mai stata ossequiata da nessuno, che nessuno ha mai notato, che nessuno ha mai ammirato. Amore per Geronimo, quest'uomo meraviglioso i cui racconti gli hanno acceso nel cuore il fuoco ardente della voglia di sapere, di conoscere, di scoprire, quest'uomo stupendo che gli ha raccontato storie impossibili di pirati, di battaglie, di guerre; quest'uomo che gli ha insegnato nella semplicità della onestà contadina la necessità della tolleranza per le idee degli altri; quest'uomo irripetibile che gli ha mostrato un Dio uguale per tutti.

A questa famiglia Frate Tommaso dice addio. E lo dice con una freddezza che non è aridità di sentimenti ma che è consapevolezza di una ineluttabilità, non di una missione da svolgere, ma di un ruolo da esercitare in un mondo che vive intensamente l'effervescenza della trasformazione.

Dice addio alla famiglia senza retorica ma con composta e consapevole determinazione per una scelta esistenziale che non ammette né compromessi e né turbamenti.

Un abbraccio. Intenso. Eterno nella caducità dell'attimo. E poi senza voltarsi, dritto nel buio corridoio che porta, nel secondo piano del Convento, alle celle, alla sua cella. Là dove un letto con una pelle di capra, un lavabo ed il tavolo con la lucerna costituiscono il sobrio arredamento. Per finestra, in alto, e senza imposte, un oblò da dove entra l'aria calda di questa tiepida domenica delle Palme. Sulle destra, a mezza altezza, una croce in legno. Sotto la quale un banchetto in legno sostituisce l'inginocchiatoio che è dotazione delle celle dei Padri.

È solo. Solo con la sua coscienza. Dall'oblò, con le folate umide dello scirocco, entrano gli odori della campagna, il fieno ancora in erba e gli alberi sbocciati al bacio del sole. Un passero si posa sul cornicione. Cinguetta. Ma Frate Tommaso né lo vede, né lo sente. È in ginocchio sul legno grezzo dello sgabello che quasi si contorce al peso del corpo. Le mani giunte. Forse non ha il coraggio, a tu per tu con Cristo, di confessare la vera ragione di questa sua presenza nella cella di un Convento. Ne ha detto con onestà la ragione, pur se velata con eufemismi, al Padre Superiore. Ne ha confermato il senso al Padre Confessore. Ora, no. Ora di fronte a Cristo crocifisso la verità deve dirla. Perché questa, pensa, è l'unica e la vera confessione. Ma si pente subito per avere bestemmiato contro i canoni della Chiesa, fresca di controriforma tridentina.

La verità deve dirla. E deve aprire l'anima sua a questo Cristo che dalla immobilità del legno sembra fissarlo quasi a chiedergli la verità che conosce.

Perché questa scelta? Perché il figlio di uno scarparo che crede fermamente in un Dio che è uno per tutti gli uomini, un Dio che ha creato il mondo e che nel mondo ha creato gli uomini, quando il mondo e gli uomini sono la sua proiezione, perché il figlio di uno scarparo ha bussato alla porta del Convento dei Domenicani di Placania? Forse per vocazione? Oppure per avere ascoltato, non visto, il consiglio de due vecchi speziali? O forse ancora per fuggire dall'isolamento di Stilo?

Le mani rozze, enormi, un ciuffo di peli sulle falangi come cespugli concimati, si intrecciano nervosamente.

O forse ancora per dare alla famiglia il don?

La testa è china, le mani sudaticce, gli occhi a terra.

Frate Tommaso si interroga davanti a Cristo per

rispondere alla domanda inquietante. Perché? Perché questa scelta? Più che darla a Cristo, vuole darla all'anima sua, la risposta perché ritrovi la pace.

Vocazione, esortazione, desiderio di conoscenza, volontà di apprendimento, bisogno di evasione. E non sono tutti questi i segni di una chiamata? Quella di Dio. Che chiama qualcuno con il bisogno di incontrare la fede ed altri con quello di conoscere il mondo. E non è il mondo lo specchio di Dio? Una chiamata. Quella del Signore al quale, in questa calda mattina della domenica delle Palme, Frate Tommaso consacra l'anima assumendo l'impegno di ascoltare sempre, come dovere categorico, la voce della coscienza quale segno della presenza di Dio.

Frate Tommaso è in pace con se stesso. Alza gli occhi da terra e avverte la presenza del passero che svolazza sul cornicione della cella disegnando sul soffitto ombre cangianti che un timido raggio di sole colora con tinte opalescenti.

Le mani non tremano più. Sono ferme. Gli occhi lucidissimi fissano la croce cui Frate Tommaso rivolge balbettando parole dettate dal cuore.

Io mi consacro alla tua gloria, Signore. Che è bontà e che è giustizia. Che è inderogabile diritto di dignità. Io mi consacro alla tua gloria, Signore, che è conoscenza del mondo e della vita, che è libertà spirituale, che è indipendenza morale. Io mi consacro alla tua gloria, Signore, che è lotta perché tutti ritrovino nella propria coscienza la forza che afferma il messaggio di Cristo, che è legge di giustizia per gli umili e di condanna per lo strapotere.

Si alza lentamente. I tredici anni tradiscono una possanza fisica che nella piccola cella assume ancora più vistosi i segni della robustezza. Un'occhiata intorno.

Sul tavolo il libro del Vangelo. Lo sfoglia con le mani rozze. Poi lo posa. Schiude la porta e lentamente si dirige verso la cella del Superiore. Bussa e senza attendere risposta entra.

Due colpi di tosse e po altri due non distolgono il Superiore dalla lettura di un antico codice bizantino. E quando, in un momento di meditazione, alza gli occhi come a cercare nel vuoto la risposta a qualche segreto pensiero, scorge la figura massiccia ferma lì davanti al leggìo, del giovane Frate, ha un moto impercettibile di soddisfazione e di disappunto, quella per la visita e questo per essere stato distolto dalla meditazione.

Avvolge con mani curate i fogli del codice annodandoli con una fettuccia turchina e stropicciatosi gli occhi come chi esce da un sogno, apre il viso ad un profondo sorriso.

Prende per mano Frate Tommaso che ha gli occhi bassi forse per trovare, esaltandolo, il coraggio di aprire l'anima al Superiore cui lo legano sentimenti di stima e di profonda ammirazione per l'equilibrio che adopera nella gestione del Convento.

Il problema che gli sottopone è delicato, vecchio, ma fondamentale per la scelta esistenziale che ha compiuto. Ne parla con fermezza che è certezza delle proprie idee e speranza di comprensione. Al Padre Superiore, che lo ascolta più con curiosità che con attenzione, il Frate chiede permesso di libero accesso nella biblioteca del Convento che al primo piano, in una fuga di sale, raccoglie i codici più qualificati di quella che la cultura cattolica considera la saggezza umana.

Permesso che il Padre non avrebbe difficoltà a concedere se non avesse intuito in Tommaso quello spirito curioso che continua a destare perplessità nel Padre Guardino. Né valgono le argomentazioni più convincenti. La nostra, dice l'anziano domenicano, è e deve restare una cultura finalizzata alla esaltazione di Dio attraverso la glorificazione della Chiesa.

Ogni ricerca, ogni consultazione, ed ogni verifica non possono non avvenire se non utilizzando gli strumenti che la Chiesa considera utili e necessari. Né, continua il Superiore, può contare l'accusa che il mondo laico rivolge alla Chiesa quando sottolinea che la nostra è una cultura finalizzata e di comodo specie quando volutamente trascura le correnti di un pensiero o dichiaratamente o nascostamente fuori dalla regola gerarchica. A queste correnti di pensiero, sottolinea il Superiore con una convinzione che ha tutta l'aria di voler trasmettere agli altri per dovere di ufficio, possono e devono avvicinarsi le menti mature, quelle che sono al di fuori e al di sopra delle tentazioni del pensiero fuorviato dalla ragione. Ma per un giovane Frate il problema è un altro. È quello della formazione spirituale, della fortificazione della fede, della costruzione di una mentalità cattolica.

Perché di certo c'è questo. Il libro della saggezza è il Vangelo di nostro Signore; e chi ha occhi per leggere le pagine degli evangelisti sa trovare una risposta ad ogni domanda, la più scabrosa e la più inquietante. È il libro della verità; la verità è un dono che Dio dà agli uomini, Non una loro conquista per cui non può essere il risultato di una ricerca. La verità è proiezione di Dio che si manifesta con la fede.

Certo, dice il Superiore camminando a piccoli passo che sollevano il lembo della tonaca di un bianco immacolato sulla quale pende, occhieggiando dalle pieghe, un lungo rosario d'argento con le poste ricavate dai noccioli delle ulive dell'orto di Betlemme, certo il Vangelo, specie dello di Luca, è il libro dei libri, il libro della verità, dell'amore e della giustizia.

Nei quattro evangeli anche la fantasia più galoppante, anche la fame di cultura più irrefrenabile, anche il desiderio di conoscenza più insopprimibile possono e devono trovare risposta ai dubbi, ai quesiti, alle domande.

Frate Tommaso che nasconde nelle pieghe dell'abito bianco di novizio, quel libro avuto in dono nel giardino del farmacista di Stilo dai due speziali, ascolta con rassegnata pazienza. La ribellione dell'anima non affiora nemmeno in quei movimenti del viso che a volte tradiscono stati d'animo eccitati.

Ascolta con le mani giunte sotto l'ampia manica dell'abito bianco ed attende il permesso di parlare che però tarda a venire.

Il Superiore si dilunga nella dissertazione su quella che considera la migliore formazione culturale non solo di un domenica ma di quanti vivono nell'amore di Dio.

La cultura, sottolinea, non è un mezzo di verità né è uno strumento che consenta all'anima umana il raggiungimento della felicità. La cultura, parla a voce alta, per essere valida deve tendere alla glorificazione dei valori della Chiesa, quelli che danno all'uomo la gioia dell'incontro con Cristo. È questo il vero e l'unico obiettivo. Cultura quindi come specchio di una verità che è dono di Dio, non conquista e scoperta dell'uomo. Altrimenti diventa esercitazione umanistica, pericolosa per le deviazioni e per gli avvelenamenti. Quindi, mio caro Frate Tommaso, dicono gli occhi imploranti del Superiore, no all'accesso alla biblioteca del Convento perché Satana a volte si nasconde anche nelle buone intenzioni.

Frate Tommaso ascolta in silenzio e segue le argomentazioni con interesse unito a volte ad insofferenza. Quando intuisce che non guasta intervenire, lo fa a bassa voce, quasi sillabando a testa china con le mani intrecciate nella manica del saio bianco.

È famosa non solo in Calabria ma in tutto il Viceregno la biblioteca del Convento domenicano di Placanica. E Frate Tommaso, come se volesse scusarsi ma con i toni fermi di chi è convinto della bontà delle argomentazioni, sostiene che la misericordia di Dio non può fuorviare l'animo di un indegno suo figlio quando questi si consacra alla sua gloria e finalizza tutto il suo impegno alla glorificazione della Santa Chiesa. Ma per combattere il male non solo bisogna conoscerlo ma più compiutamente bisogna studiarlo come a compenetrare la logica del maligno non per esserne influenzato e quindi condizionato ma per scardinarne le argomentazioni.

I tempi sono maturi perché la Chiesa, nella gerarchia che è una necessaria opportunità, conceda non a lui che è umile Frate figlio del popolo e quindi scarsamente cosciente della realtà umana ma agli altri confratelli, certo più pii e più buoni e più intelligenti e più colti di lui che ha scoperto la gioia della cultura solo da poco, perché la Chiesa non solo apra le porte ma inviti a valicare le porte delle biblioteche a chi in perfetta buona fede è assetato di cultura.

Con i toni pacati di una pazienza che nasconde la convinzione dell'esatto contrario non manca l'opportunità al Padre Superiore di ribadire il divieto. Aggiungendo, e questa volta con decisione, che il popolo di Dio somiglia ad un gregge guidato da un pastore. E se questo è del parere, in tutta sincerità, che il pascolo di quella collina è più buono del pascolo di quell'altra collina, non è concessa al gregge la disubbidienza. Altrimenti sarebbe il caos. Ed il mondo, in questi momenti tanto perigliosi quando la Chiesa è chiamata a serrare le fila per difendere l'unità seriamente minacciata dallo scisma, non può perché non deve perseguire strade diverse da quelle indicate dal pastore.

Lo dice, questo, il Padre Superiore con la rassegnata stanchezza di chi invita l'interlocutore a non replicare. Frate Tommaso invece implora con gli occhi non una risposta ma un chiarimento che è di per se una presa di posizione tal da diventare impegno da perseguire. Non esiste, dice con umiltà intrisa di convincimento, una cultura fuorviante. Esiste un'anima recettiva che fuorvia la cultura, come potrebbe fuorviare ogni altra manifestazione di Dio. E allora il problema si posta dalla realtà oggettiva, che è la cultura, alla realtà soggettiva che è l'anima. Ma l'anima, secondo gli insegnamenti della Chiesa, non è realtà mutabile. Per cui la cultura diventa una entità che non è migliorativa dell'anima ma è migliorativa del comportamento umano. Da qui la necessità di considerare cultura ogni espressione dello spirito per coglierne gli aneliti, magari i bisogni e certo le esigenze.

Frate Tommaso non insiste sulla richiesta di libero accesso alla biblioteca che è come dire di libertà di consultazione e quindi di interpretazione.

Dice sommessamente che se l'anima è predisposta al male anche ammirando i miracoli della natura che sono frutto della bontà di Dio l'uomo va incontro alla dannazione.

Saluta con ossequio. bacia la mano del Superiore e, avutane licenza, si accomiata.

È solo, il Superiore. Ma non torna alle lettura del codice bizantino. Si affaccia alla finestra e guarda verso la vallata che si schiude in un trionfo di verde con laggiù, oltre le colline, la linea imprecisa dell'Allaro che si precipita in una corsa affannosa verso lo Ionio.

A piombo sotto la finestra l'angolo destro del chiostro. Dove quasi in doppia fila i giovani Frati recitano l'ufficio del meriggio.

È lui! Il Padre Superiore si sporge. Aguzza gli occhi e fissa la figura tozza, massiccia di un frate, fuori dalla fila. Ha in mano un libro. Legge con avidità. Forse non recita l'ufficio.

Sorride il Padre Superiore e pensa che potrebbe avere ragione quel saggio quando dice che ogni anima ha un modo di pregare e di conoscere Dio. Che ogni anima ha una strada per avvicinarsi a Dio. E glorificarlo.

Su questa strada Frate Tommaso è destinato a camminare. È uno strada che non termina a Placanica, ma parte da questo ridente centro calabrese.

4.

Con una lettera di presentazione nella bisaccia sdrucita che raccoglie due maglie di lana sferruzzate da Catarinella, un saio donatogli da un giovane Frate, i sandali ed una riserva di pane di granturco e di acqua mista a vino, Tommaso all'alba di una rigida mattina di marzo, il venticinque del 1586, lascia il convento di Placanica e per i rupi e viottoli appena tracciati dai pastori, si avvia verso San Giorgio Morgeto dove arriva dopo tre giorni di cammino impiegati più a parlare con i contadini che a meditare sul futuro.

È un piccolo, un minuscolo paese, San Giorgio, dove il convento dei domenicani, un Padre Superiore, tre Fratelli ed un Questuante, rappresenta l'unico punto di riferimento di una comunità rurale che sembra non avvertire né aneliti di rinnovamento, né turbamenti ed effervescenze.

Al Convento, che sorge fuori dal centro, verso i primi contrafforti della montagna a mezza costa prospiciente il mare, guardano con speranza i contadini quando una malattia turba la vita familiare, quando una lite inquina i rapporti, quando una pecora rifiuta l'erba e quando non si trovano i ducati per versare le gabelle all'esattore del Marchese che puntuale arriva ogni due mesi cavalcando una mula enorme bardata con una sella che sembra il trono di un califfo decaduto. Il Convento è pronto a fornire un infuso per la febbre, un consiglio per la lite, un decotto per la pecora, che quasi sempre è l'unica fonte di sopravvivenza, e qualche ducato, ma non molti per tacitare la bramosia del Marchese il cui esattore accetta anche beni in natura che vende lì per lì e a buon prezzo ai più fortunati piccoli possidenti.

È piccolo il Convento. Al centro, con la porta in legno intagliato, sulla piazza, una Chiesa con sull'altare San Giorgio che uccide il serpente. La sacrestia. E l'orto. Al piano di sopra le celle non più di dieci, la cucina ed il refettorio.

E la biblioteca? Lo chiede con angoscia Frate Tommaso quando, accolto con amore dal Padre Superiore che ne apprende le virtù dalla lettera datata Placanica, costata che di libri ce ne è uno solo, quello delle entrate e delle uscite dei beni conventuali, perché dalla capitale, da San Domenico Maggiore, pretendono chiarezza e precisione nella contabilità.

La delusione è appena compensata dalla grande umanità di una comunità monacale che vive quasi fuori dal mondo frammista ad una realtà contadina che coniuga l'estremo bisogno con una dose di enorme semplicità.

Nel breve periodo di presenza a San Giorgio Morgeto, Frate Tommaso conosce un'altra fetta di società, che non è quella di Stilo dove la povertà è almeno compensata dalla indipendenza della città retta dal Sedile, che lotta accanitamente contro on Conclubert d'Arena e i Caraffa di Nocera pronti a infeudarla.

La povertà di San Giorgio è appesantita dalla massiccia presenza di una feudalità che umilia, annullandola, ogni prospettiva di sviluppo e che mortifica la sopravvivenza stessa della gente che finisce per lavorare per l'esattore del Marchese.

Frate Tommaso se è deluso dalla assoluta mancanza di libri e se è scoraggiato dalla constatata impossibilità di un dialogo che sia verifica intellettuale, è dall'altra parte felice di poter penetrare in una realtà umana che è ricca di bontà e che fa della rassegnazione la ragione della vita.

Gode al Convento di una certa libertà anche perché ottiene dal Padre Superiore l'incarico di assistere i contadini, di ascoltarli, di aiutarli, di infondere loro fiducia.

Frate Tommaso lascia di buon mattino il Convento, il cappuccio sulla testa. Con una mula si arrampica sulle falde delle colline e poi ridiscende a valle e si ferma nei casolari che punteggiano di grigio il verde squillante degli uliveti.

Coglie con mano, dalla viva voce dei contadini che aprono il loro cuore a questo monaco semplice che parla la loro lingua perché in fondo è uno di loro, che comprende i loro problemi perché sono stati i suoi problemi ma che non giustifica la loro rassegnazione. Anzi la condanna.

Ascolta e dice ora una parola di conforto ed ora di solidarietà e sempre una parola che ha il fine di scardinare il quietismo della rassegnazione.

Il problema più scottante, anche perché di difficile ed a volte di impossibile soluzione, è il pagamento della tasse. Diventa in incubo per i contadini della fascia ionica, quella mula enorme che ogni due mesi porta fin quassù l'esattore del marchese. La scorgono da lontano. Da quando spunta dalla vallata e si inerpica su per le falde delle colline.

L'esattore va di casa in casa e sorride se il versamento è puntuale, minaccia se è in ritardo, inveisce se manca, confisca se perdura nel tempo.

A nulla valgono le argomentazioni dei contadini

con un'unica ricchezza. La forza per coltivare. Ma i giovani se ne vanno. Scendono al mare dove prima o poi arriva una nave araba a raccogliere i calabresi per portarli lontano. A volte tornano. Ma raramente. Le campagne diventano il letto di morte di una realtà sociale che Frate Tommaso coglie negli aspetti più inquietanti.

Ne parla la sera con il Padre Superiore, un anziano domenicano di Salerno che ha vissuto lungamente a Simancas e che per motivi non del tutto chiari ma certo legati all'ubbidienza regge da qualche anno il governo di quello che l'Ordine considera non solo il più piccolo convento del Viceregno ma per tanti aspetti anche uno tra i più delicati.

E di questa delicatezza parla il Padre Superiore, appartenente prima che entrasse nell'Ordine ad una delle famiglie più illustri di Campania, quando Frate Tommaso, con fare concitato come chi ha fretta di dire fino in fondo quella che ritiene la verità, pone l'accento sulla situazione venutasi a creare nelle campagne di San Giorgio a seguito della gelata che a fine inverno ha bruciato le colture.

Dice Frate Tommaso che a giugno i contadini non mieteranno un grano che non c'è. E dice ancora che non raccoglieranno frutta. E dice nervosamente che il gelo di questo insolito freddo polare ha bruciato i pascoli e che i contadini non hanno la possibilità economica di assicurare alle pecore il fieno e dice ancora che puntualmente l'esattore del Marchese verrà con la mula ad incassare tasse e gabelle.

Il Padre Superiore ascolta con la pazienza di chi sa di essere sconfitto dalla realtà e dalla ineluttabilità.

Ma Frate Tommaso incalza e pone l'accento sulla necessità di intervenire in tempo per non arrivare troppo tardi all'appuntamento di luglio con l'esattore.

A nulla valgono queste argomentazioni. Sfiducia-to dalle vicende che lo hanno portato dallo splendore culturale di Simancas al grigiore opaco di San Giorgio, il Padre Superiore pazientemente, ma con disinteresse ascolta le argomentazioni del giovane professo.

I contadini sono figli di Dio e meritano il nostro aiuto. Ma è un aiuto che non può e non deve andare oltre il sostegno materiale. Perché, e questa volta il Superiore è convinto di quello che dice, nella vita e nel mondo ognuno ha un ruolo. Il nostro è quello della carità; e carità vuol dire predicazione dell'amore. Non possiamo né fomentare né attivare l'odio. Non possiamo e non dobbiamo scardinare l'armonia di un ordine che regge la vita di queste contrade.

Il Padre sostiene con chiarezza che il pagamento delle tasse e delle gabelle non è collegato all'andamento della stagione. Altrimenti sarebbero, tasse e gabelle, legate alla pioggia ed al sole e non alla estensione della terra che è di proprietà del Marchese.

Di diverso avviso è Frate Tommaso quando evidenzia che intanto il Marchese non è proprietario delle terre ma ne è solo il possessore quale feudatario e che la proprietà è del Viceregno. Il Padre sorride e dice che quello che conta è la realtà.

Quel giorno non tocca cibo. Chiuso nella cella Frate Tommaso trascura persino di recitare l'ufficio. A passi brevi cammina nella cella. Due passi e poi si volta. E questo per le lunghe ore durante le quali matura il disegno di parlare chiaramente ai contadini e di dire loro che proprietario della terra è il Viceregno, che il Marchese è il feudatario e che in questa qualità versa al Sovrano un canone, non c'è dubbio, molto inferiore a quello che i contadini sono obbligati a versargli tramite l'esosità dell'esattore.

E se la natura produce un danno non è giusto che sia tutto a carico loro.

Lo dirà questo ai contadini anche se il Padre Superiore gliene ha fatto preciso divieto. E lo dirà perché è dovere di ogni cristiano illuminare le menti aprendole al bene della dignità. Lo dirà, questo, ai contadini, e se vorranno, sarà lui umile Frate domenicano, a chiedere udienza al Marchese per illustrare con la sua sensibilità i motivi della petizione.

È suonata da poco l'Avemaria. I Frati raccolti attorno al Superiore recitano l'ufficio della sera.

Manca Frate Tommaso. A passi lunghi, ormai sulle prime falde delle colline, è in cammino verso la Tana del lupo, una località a mezza costa dove i contadini si riuniscono al sabato per il baratto delle derrate.

Arriva che è giorno chiaro. Ha camminato tutta la notte ed un velo di stanchezza appanna gli occhi solitamente scintillanti. Lo conoscono tutti. E l'arrivo del Frate, nel bel mezzo delle contrattazioni rese più celeri dalla carestia che si profila in tutta una desolante drammaticità, determina un momento di incertezza. Un sorso d'acqua. Un morso al pane duro della bisaccia. Qualche sorriso e poi di getto i motivi della visita. Con una premessa. Questa del Frate è iniziativa assolutamente personale espressamente vietata dal Convento. Una iniziativa che non è di lotta, ma di persuasione.

In poche parole, la situazione. Il gelo di febbraio ha distrutto i campi di grano e quelli del pascolo. Ha bruciato i fiori degli alberi.

Poi una esortazione, semplice ma perentoria. Nessuna intemperanza, ma responsabilità. Ed il Marchese non potrà restare insensibile alle esigenze di un mondo che per tanti versi gli è stato e continua ad essergli fedele.

Gli occhi dei contadini sono concentrati, nella immobilità degli sguardi ora attoniti ed ora diffidenti, su questo giovane Frate domenicano che parla come mai nessuno ha loro parlato perché non hanno mai udito termini come diritto, esigenze, bisogni , comprensione.

Se lo volessero sarebbe pronto a bussare al portone del palazzo, a Crotone, certamente distante ma ugualmente raggiungibile in meno di tre giorni di cammino. La richiesta al Marchese: annullamento delle tasse e della gabelle in considerazione del mancato raccolto.

Tutto qui!

I contadini sono immobili. Inchiodati dalla paura. Forse timorosi del peggio. Che arriva puntualmente quando a Crotone, nel palazzo catalano a ridosso delle colline che si affacciano sul mare color di cobalto, arriva prima quasi faceta, poi incredula ed infine certa la notizia che a San Giorgio Morgeto un giovane frate domenicano aizza i contadini contro Sua Eccellenza.

La prima reazione è quella di fare intervenire da Napoli, addirittura il Viceré che è spesso ospite a Crotone di Sua Eccellenza nelle lunghe battute di caccia alle folaghe. Ma da un ponderato esame della situazione emergono quelle che potrebbero diventare mine vaganti. Qualcuno fa notare, con sommesso rispetto, che buona parte delle terre di San Giorgio appartenevano al Convento e qualche altro puntualizza con uguale rispetto che il feudo di San Giorgio è stato dilatato da periodici spostamenti delle pietre di confine.

Queste argomentazioni e maggiormente una valutazione condotta con la borsa di ghiaccio sulla testa inducono il Marchese a revocare l'ordine di partenza impartito ad un fido consigliere.

Forse è miglior partito non informare il Viceré. Mentre è buon partito intervenire direttamente a San

Giorgio su questo giovane Frate domenicano che vivaddio qualche peccatuccio l'avrà certamente nel cassetto.

Il consigliere cambia direzione e parte alla volta di San Giorgio dove scortato da quattro armigeri arriva dopo due giorni. Constata non senza disappunto, per averlo accertato in Convento che il giovane Frate questo peccatuccio da nascondere proprio non l'ha. Né ottiene dal Superiore la promessa di trasferimento di Frate Tommaso per l'evidente motivo che dovrebbe prima farne richiesta al Provinciale corredandola con quella motivazione che il Marchese invece vuole mantenere segreta. Lo dice, questo, il Superiore con fermezza ma anche con disappunto forse perché la presenza di Campanella attira sul Convento l'attenzione, per ora, del Marchese di Crotone, ma in un prossimo avvenire anche dell'amministrazione vicereale.

D'accordo con il consigliere suggerisce una soluzione. Semplice ed immediata.

Frate Tommaso è un uomo di cultura. Ama le belle lettere e morde il freno per l'impossibilità di poter frequentare, come sarebbe suo vivo desiderio, la biblioteca che il Convento riserva ai soli Padri. Ma che invece il Convento di Nicastro, al di là, e quindi fuori la giurisdizione feudale di Sua Eccellenza, apre anche ai Frati.

Perché il progetto riesca è necessario non solo l'assenso ma la richiesta dell'interessato. E qui l'ingegno del Superiore chiede la collaborazione del consigliere quando diventerà un pellegrino di passaggio ammesso nella piccola comunità. Non conosce nemmeno l'alfabeto. Ma sono sufficienti poche nozioni per dare al consigliere il cipiglio dell'uomo dotto.

Terminato il pranzo, il silenzio è regola assoluta, non manca occasione al Superiore di avere sulla destra Frate Tommaso e sulla sinistra il pellegrino. Che parla, e con scioltezza, di Nicastro dove è stato ospite al Convento. A questo punto senza malizia, dirotta il discorso sulla attività dei domenicani che a San Giorgio è di carità e che a Nicastro è di cultura, anche perché stimolati da quella che è considerata una tra le più ricche biblioteche del Viceregno.

Frate Tommaso aguzza le orecchie; e quando, dopo una notte insonne, incrocia nel chiostro, all'ora dell'ufficio mattutino, il Superiore, entra subito in argomento e chiede, tra scuse e ringraziamenti, il permesso di trasferirsi al Convento di Nicastro.

Il Padre resta sopra pensiero. Cammina lentamente e come se fosse distratto da quel ramo di acacia che spunta all'angolo della colonna nascondendone il capitello, mostra poca attenzione alla richiesta. Non dà risposta. Nemmeno il giorno dopo. La domenica, dopo la Messa delle undici, chiama in sacrestia Frate Tommaso che ormai è tutto preso dalle visite ai casolari. E gli dice di getto che tutto sommato il Convento di San Giorgio non ha il diritto di impedire ad un giovane Frate di percorrere la strada che Dio gli indica. Vada, se vuole, a Nicastro e prosegua, intensificandoli, gli studi in quella biblioteca che le regole conventuali aprono a tutti i gradi dell'Ordine.

Frate Tommaso dimentica, come per incanto, il gelo che ha distrutto i campi di grano, che ha bruciato i pascoli, che ha vanificato il raccolto. Dimentica la carestia e dimentica la miseria. Dimentica l'incubo dei contadini per la mula che porta l'esattore fin sopra le colline. Dimentica le promesse fatte, la disponibilità data, la speranza accesa in tanti cuori. Dimentica l'attesa che è viva nei visi bruniti dei pastori. Dimentica le illusioni e le chimere generate nei contadini. Dimentica questo mondo dal quale proviene e dal quale vuole evadere. Dimentica i problemi di una realtà e vuole risolvere quelli personali. Convinto com'è che nel mondo dei potenti c'è posto soltanto per la ricchezza e per la cultura. Quella non potrà mai averla. Questa è a portata di mano. E pensa ancora che la cultura può condizionare la potenza finalizzandola alla elevazione degli umili. La cultura non è un dono; è una ricchezza che l'uomo conquista con lo studio.

Il giorno di tutti i Santi del 1587 senza voltarsi, Frate Tommaso con la bisaccia che gli ha confezionato Catarinella, lascia il Convento di San Giorgio Morgeto e punta su Nicastro dove, a piedi, arriva due giorni dopo.

È un Convento maestoso. Solenne nella massiccia costruzione di chiara architettura aragonese circondato da un ampio parco, ben coltivato, con i crisantemi che alla luce pallida di una mattina senza sole, brillano in uno sfavillio luccicante.

Qualche minuto d'attesa. L'uscio di una stanza si apre cigolando ed un frate lo introduce nel salone di rappresentanza tappezzato in seta rosso vermiglio con alle pareti, pendenti da lacci dorati, i ritratti dei Superiori che si sono succeduti nel tempo.

Frate Tommaso che ha un debole per i numeri, ne conta dodici.

Alle espressioni di benvenuto fanno seguito quelle che esortano alla carità. Il Convento vanta una tra le più belle biblioteche dell'Ordine ed è aperta a quanti, avutone il permesso, hanno interesse per le ricerche, per le verifiche, per le consultazioni.

Il Superiore, alto nella persona che tradisce un tratto aristocratico, pone la condizione di base. È regola inderogabile che a sera ogni frate renda ragione degli studi condotti. Si impegni, Tommaso, a rispettare questa regola. Gli porge il vangelo di San Marco sul quale il giovane figlio del ciabattino di Stilo posa la mano nodosa coprendo per intero il volume rilegato in pergamena.

In refettorio per il pranzo prima della lettura della parabola del giorno, le presentazioni.

Frate Tommaso prende il posto sulla fila di sinistra. Attraverso la grata guarda oltre il chiostro, là dove le ampie sale raccolgono i libri che formano la ricca biblioteca dell'Ordine.

5.

"Sempre contraddicente alli maestri suoi". Frate Tommaso diligentemente informa, ogni fine giornata, il Padre bibliotecario sugli studi condotti, sulle ricerche e quello che conta di più elenca con minuziosa precisione i volume consultati, che sono di grammatica e di teologia.

Tutto procede per il meglio quando nella notte che precede la vigilia di Natale del 1587 un principio di incendio al terzo piano del Convento fa scoprire, quasi per caso, che Campanella non dorme, come ogni altro, nella cella assegnatagli. Chi parla di fughe notturne e chi di appuntamenti nell'ampio giardino che circonda la costruzione aragonese. Chi sussurra pratiche demoniache e chi invece giura di averlo visto ripetutamente nell'oratorio, con le mani giunte, in lunghe veglie notturne. Interrogato ripetutamente, Frate Tommaso o dà risposte evasive o tace in lunghi silenzi che innervosiscono il Padre Superiore. Punito in cella diventa un leone in gabbia. Rifiuta il cibo e dall'oblò che si affaccia sul giardino lancia urla che sono di imprecazione, a volte di condanna e sempre di implorazione. L'isolamento dura oltre una settimana e fino a quando, è oramai prossimo il Capodanno con tutte le funzioni liturgiche previste, il Superiore, approfittando dell'assenza di tutti i Fratelli, apre dal di fuori la porta della cella dove Campanella giace nella disperazione.

L'incontro potrebbe diventare uno scontro se il Padre Superiore, cui tutti riconoscono pietà ed alto senso di responsabilità, non desse, come invece dà, la parola d'onore che ogni punizione finirà quando Tommaso dirà la verità.

Per orgoglio ed anche per calcolo, che è come dire per convenienza vorrebbe continuare a tacere, ma il desiderio di tornare tra i libri vince ogni resistenza e quasi piagnucolando, la destra villosa sul petto, racconta che di notte entra in biblioteca ed alla luce di una lampada che alimenta con olio tolto ai cibi precisa, consulta quei testi di cui non potrebbe dare ragione nei quotidiani rapporti al Padre bibliotecario.

E quando il Superiore, per certi versi soddisfatto del motivo dell'assenza dalla cella, gli fa notare che è venuto meno al giuramento, Frate Tommaso candidamente risponde che il giuramento si riferiva e si riferisce ai libri consultati di giorno. Vorrebbe abbracciarlo. Ma non lo fa. Il Padre Superiore coglie dal tono della voce quelle che sono le inquietudini di questo giovane professo, ne apprezza la volontà e maggiormente ne vorrebbe lodare il desiderio di conoscere i segreti della natura, della vita, del mondo. Ma è venuto meno ad un preciso patto.

Il sodalizio si scioglie ed a Frate Tommaso pone il dilemma: o resta a Nicastro senza il permesso di frequentare la biblioteca, ma solo la sacrestia dove sono raccolte le opere della patristica, o chiede di essere assegnato ad altro Convento. Ma, precisa il Superiore, gli altri Conventi dei Domenicani non hanno la biblioteca ad eccezione di quello di Cosenza che si avvale della biblioteca annessa all'Università.

Non avrebbe dubbi, Frate Tommaso se non covasse la segreta speranza di potere, prima o poi, ottenere il perdono. Ben sa che la biblioteca del Convento di Nicastro è unica al mondo, per ricchezza di codici e di pergamene non solo, quanto e maggiormente, perché deputata dall'Ordine a conservare i testi più "inimici della fede", testi di magia, di astrologia, di fisica, di matematica, di medicina. E ciò per l'evidente motivo che il Convento di Nicastro, per posizione geografica, non è certo il più allettante per gli studiosi.

Frate Tommaso nelle lunghe vegli notturne trascorse in biblioteca alla fioca luce della lucerna che a volte odora di carne ed a volte di legumi, è venuto a conoscenza di idee, di pensieri, di ipotesi, ma soprattutto di verifiche ed ancora di più di illazioni del pensiero umano. Ha divorato testi inconsueti, difficilmente rintracciabili in altre biblioteche e nella notte antecedente la vigilia di Natale, la notte dell'incendio, stava consultando un codice del tardo trecento della Divina Commedia in chiave squisitamente esoterica.

Stava portando a termine, in questa composita febbre di consultazione la lettura di un libro di magia. E aveva scoperto, in uno scaffale interno, dietro una pila di libri, i testi manoscritti di Gerolamo Tagliavia, processato e condannato dalla Inquisizione per aver sostenuto il movimento della Terra e l'immobilità del Sole. E aveva, la scoperta più esaltante, trovato, si può dire fresco di stampa, il primo libro di Telesio, pubblicato a Napoli e fatto sparire con azione congiunta tra la Curia ed il Viceregno.

Come posso, pensa Tommaso, rinunciare a questa irripetibile e per tanti versi unica miniera del sapere umano? Ne parla col Padre Superiore al quale dice sinceramente che l'unico motivo che lo tiene non solo a Nicastro, ma addirittura nell'Ordine, è la possibilità di poter consultare libri, codici e pergamene. Sfonda una porta aperta perché il Superiore questo non solo l'ha intuito, ma lo ha constatato.

E la candida confessione di questa mattina ne è conferma. Gli si pone ora una questione di coscienza. Come può far finta di non avere udito la confessione del Frate? Perché se l'avesse udita dovrebbe, pena la scomunica, attivare i meccanismi della sconsacrazione resi ancora più macchinosi dallo stato fratiale di Tommaso. Ma con quali prospettive? Quelle di buttare questo giovane, testardo figlio di contadini, in partibus infidelium e spianargli la strada verso l'altro lido quello dello scisma che sta dilaniando la Chiesta. Perché Tommaso sembra fatto apposta per contestare. Ne ha la vocazione e ne ha il temperamento ed ancor di più ne ha l'ambizione.

Il Superiore si impegna di esaminare più a fondo la richiesta e si riserva di dare una risposta entro una settimana. Per il momento resti in cella con l'obbligo di partecipare a tutte le funzioni del giorno e della notte, col divieto di leggere altro non sia il libro dei quattro Vangeli ed il Messale dei frati.

La risposta arriva puntuale. La domenica successiva dopo la Messa solenne delle undici.

Comprende quelle che sono le motivazioni delle scelte di Tommaso ma non solo non le giustifica quanto le condanna.

Anche se constatata, e il mondo della Chiesa è per fortuna l'unico che consenta a studente ed a studioso di approfondire temi, di acquisire conoscenze, di procedere a verifiche. Ben sa che la tentazione di gabellare per vocazione quello che invece è un desiderio a volte una curiosità e sempre una necessità, diventa strumento di peccato. Come quello di Tommaso che carpisce la buona fede di chi gli dà fiducia e che poi utilizza per leggere libri e manoscritti che sono il frutto della cattiveria del maligno.

Noi non andiamo d'accordo è la sintesi del lungo discorso del Superiore. Ma non ti condanno; dico soltanto che l'aria di Nicastro ti giova solo se metti da parte ogni curiosità. E poiché questo non lo fai ti consiglio paternamente di andare altrove.

A nulla valgono le ragioni che Campanella tenta di balbettare.

La decisione è irrevocabile!

Solo, nella cella che lo ha visto felice quando attendeva il silenzio, per accostare la porta, scendere a piedi nudi la scala e imboccare il lungo corridoio buio illuminato però nelle notti di luna dalla fioca luce proveniente dal giardino, quando attendeva che tutti, recitato l'ufficio della notte, fossero a letto per correre in biblioteca e divorare con ansia la parola scritta.

Solo, in questa cella disadorna, vede che il mondo crolla.

Si trova Frate domenicano e non ha la possibilità di attingere, assetato di sapere, in quel mare immenso che è la biblioteca, a due passi là, oltre il corridoio.

E se rivolgesse una supplica al Provinciale? È uomo colto. L'ha ascoltato in luglio al panegirico per la festa di San Domenico, ed ha colto delle aperture che l'hanno entusiasmato. E se si umiliasse davanti al Vescovo?

No. Tutto inutile. Nell'Ordine la decisione del Superiore è legge ed il Padre è stato esplicito. E poi una punta di orgoglio lo spinge alla speranza. Il mondo, pensa, mentre riordina dopo una notte insonne le coperte del lettino, non finisce certo a Nicastro ed ancor di più la cultura non si esaurisce con la biblioteca del Convento.

La decisione è presa. Domani chiederà al Superiore di accogliere la domanda di trasferimento. A Cosenza: la città di Telesio.

Potrei anche incontrarlo. È vecchio e quando si arriva al traguardo dell'esistenza insorgono motivazioni che frenano la sincerità del pensiero.

A Cosenza.

Sottoscritta la richiesta, suffragata da motivazioni di maniera e da ragioni di salute, le uniche queste prese in considerazione dai competenti organi decisionali, chiede al Superiore una lettera di presentazione che sia di raccomandazione. E ne chiede un'altra, più pressante. la prima per il Superiore del Convento di Cosenza e l'altra per il Direttore della Università dei domenicani, il dotto Padre Eusebio da Cerchiara.

Non saluta i Frati e non si accomiata dai Padri, Abbraccia intensamente il Superiore al quale ribadisce la scatenata voglia di sapere, il desiderio di conoscere, la necessità di verificare. Confessa che questa conoscenza, che questa verifica, che questo sapere sono gli unici motivi della sua vita. L'unica ragione. Venuta meno la quale verrebbe meno la sua stessa vita.

Prima di partire, è l'otto febbraio del 1588, chiede al Superiore un'ultima cortesia. Ha lasciato a metà, sorpreso dalle grida in quella confusa notte dell'incendio, la lettura di un manoscritto. Che forse non potrà più sfogliare. Chiede la grazia di poter cogliere un'ultima idea, la chiave di comprensione di tutta l'argomentazione. È questione di un solo momento, assicura. Agli occhi imploranti del giovane Frate, il Superiore non riesce a dire di no. Lo accompagna, pur se a distanza.

Frate Tommaso entra prepotente nella grande sala della biblioteca. È uno splendida mattina di febbraio e dai finestrini filtra la luce intensa che accarezza il dorso dei libri, le fettucce delle pergamene, gli scaffali.

Non potrebbe giurarlo. Ma il Superiore ha netta l'impressione che il frate si inchina quando entra nella sala. Poi con passo deciso si dirige verso uno scaffale. Sale sullo sgabello. Con la destra afferra un volume e con le mani tozze, le dita sembrano punte da uno sciamo di vespe, sfoglia le pagine. Si sofferma su un capoverso. Legge con attenzione. Richiude il libro e lo ripone al posto giusto.

Non si volta indietro per guardare la sala immensa della biblioteca. Abbraccia il Padre Superiore e lentamente si incammina per il corridoio, poi giù per le scale. Il portone massiccio si chiude alle spalle.

6.

Di Cosenza, dove arriva dopo un viaggio occasionalmente svolto a bordo di una carrozza a quattro cavalli, ciò che maggiormente lo colpisce è l'effervescenza culturale che è dialettica nella impostazione di quelli che sono i temi di fondo di un umanesimo che caratterizza in pieno la vita cittadina di cui il Convento, sulle rive del Busento con di fronte il Crati, è punto di riferimento. I domenicani penetrano in prima persona nella realtà locale, ne fanno parte e sono accettati e rispettati per la cultura che esprimono, per la carità che praticano, per il servizio che rendono.

Frate Tommaso, dopo una necessaria fase di ambientazione, entra nelle buone grazie di quel ristretto cenacolo che si riunisce all'insegna dell'Accademia rifondata da Telesio.

Le riunioni avvengono nei pressi di San Francesco d'Assisi, nel palazzo Telesio ed eccezionalmente è ammesso il giovane domenicano, non tanto per le raccomandazioni di Padre Speranza, uomo colto e pio, quanto per la stima che ha acquistato negli ambienti culturali cittadini.

Della frequentazione del Frate ha notizia il Preside, informato, per altri versi, dal Marchese di Crotone che continua a seguire l'itinerario di Campanella forse perché ne teme l'azione. Ne parla col Superiore, giovane

Padre spagnolo venuto a Cosenza per rilanciare il ruolo della Università, una delle tre del Viceregno. Ed il Superiore, Padre Enriquez, convoca Campanella in un colloquio che avviene nella sala di scrittura del Convento, senza presenza di altri.

A Frate Tommaso il Superiore, che considera occasionale la sua presenza a Cosenza pur se indispensabile per raggiungere altri traguardi, dice chiaramente che la vita in Convento è ottimale. Le Famiglie nobili hanno il buon gusto di avvalersi sempre e comunque dei consigli dei domenicani. Gli aristocratici nella frenesia della scalata sociale guardano al Convento con attenzione soprattutto come tramite con l'amministrazione vicereale. Gli strati più bassi della società hanno rispetto per il saio bianco maggiormente quando i domenicani, ed accade spesso, sposano le loro istanze. In questa armonia il Convento si pone al centro della città anche perché non turba equilibri raggiunti da tempo.

Frate Tommaso ascolta e coglie il senso del ragionamento. Ne afferra in pieno il significato quando Padre Enriquez sottolinea il ruolo che svolge l'Università. Che è di stimolo agli studi. Ma agli studi che non turbino la serenità della vita. Tenga presente, Campanella, che Cosenza è la città di quel Telesio le cui opere sono nel mirino della Inquisizione e tenga altresì presente che il Filosofo è amico personale del Cardinale Borgia, che il Papa nutre per lui non poca ammirazione e che il Viceré con disposizione personale ha impartito ordini precisi al Governatore: nessuno osi turbare la tranquillità della vita dell'ormai vecchio Pensatore, ma non osi il Pensatore turbare l'armonia della città, della quale è stato lungamente Sindaco.

Ciò come a dire: state attenti; in questo contesto il Convento diventa ago della bilancia del mondo culturale che si ritrova, è vero, nelle tornate dell'Accademia ma che avverte la presenza dei domenicani con l'attenzione che merita la loro umanità e la loro sapienza.

Di questa immagine Frate Tommaso si sente subito partecipe soprattutto quando, ai primi di maggio, riceve dal Padre bibliotecario l'incarico di esaminare *con lo iudicio della temperanza e con la segretudine della serietate* un manoscritto che è arrivato per vie traverse al Convento quale reperto postumo dell'atto di accusa contro il barone don Francesco de Matera, feudatario di San Fili, accusato di aver conservato nella biblioteca di famiglia, senza renderne partecipe la Curia gli atti relativi alle vicende di una crociata organizzata per la Terra Santa ma mai baciata dalla gloria della storia.

Frate Tommaso ringrazia il cielo per l'incarico. Anche perché gli dà la possibilità di frequentare la biblioteca, meno stuzzicante di quella di Nicastro, ma certamente altrettanto ricca.

L'esame del manoscritto va avanti senza entusiasmo anzi con la ragionata lentezza di procrastinare la presenza in biblioteca. E quando sta per arrivare al termine, incontra una ultima parte che attira, questa sì, tutta la sua attenzione.

L'anonimo cronista è stato occasionalmente testimone, certo non visto, della cerimonia di investitura del Maestro Grande dell'Ordine dei Templari, quale barelliere, "bendato, assordato et accecato per lo momento", di un Cavaliere di Giustizia.

Non dice per quali accidente ha visto ed ha udito. Ma ciò che conta è il racconto minuzioso, dettagliato, preciso e quindi scevro da ogni dubbio di inventiva. Descrive il cerimoniale con dovizia di particolari, si sofferma sul significato simbolico della gestualità ed annota con onestà tutta notarile le dichiarazioni, le domande, le risposte. Una particolarmente colpisce l'attenzione di Frate Tommaso. Questa. Risponderebbe il Gran Maestro a precisa domanda, che a conoscenza del segreto di Cristo giura sul suo onore di trasmetterlo solo al suo successore, come egli dal suo predecessore in punto di morte l'ha avuto. Il segreto di Cristo. E il manoscritto non dice altro.

Ma andando più avanti, quasi alla fine, l'anonimo cronista racconta di aver carpito quella che è una voce circolante tra i Cavalieri di Giustizia. Avere cioè l'Ordine del Tempio le prove provate della vera natura di Cristo. E di conservare il segreto gelosamente.

Frate Tommaso rilegge, questa volta con maggiore attenzione, il manoscritto ed entra nella convinzione che l'autore non è, come finge di essere, un anonimo barelliere. Ma di essere stato egli stesso Gran Maestro dell'Ordine, poi spodestato per irregolarità di cui non c'è cenno. Mentre c'è cenno della natura di Cristo. L'Ordine del Tempio avrebbe le prove della vera natura di Cristo che non sarebbe il figlio di Dio ma uno dei tanti profeti della Palestina ai tempi della dominazione romana e che si sarebbe autoaccusato e quindi condannato e crocefisso solo per fanatismo. L'Ordine del Tempio conoscerebbe, nella tradizione orale, le prove conservate negli archivi imperiali e consegnate da Costantino a Nicea prima dell'editto di Milano in cambio di una pacificazione religiosa.

È notte inoltrata quando Padre Tommaso ripone nella terza scansia della biblioteca del Convento, quarta sala sulla destra, il manoscritto. E una agitazione lo prende. Il primo impulso è quello di raccontare tutto in una delle tornate dell'Accademia magari senza entrare nel merito e riferire soltanto del manoscritto. Il secondo, e più ragionato impulso, è quello di riferire la "scoperta" al Padre bibliotecario. O forse meglio al Padre Superiore. Anzi no. È agitato e le mani callose si intrecciano e le vene diventano tante piccole catene montuose sul bosco villoso. Forse è buon partito dire tutto al Vescovo in confessione. E se invece chiedesse udienza al Preside. O al Governatore. Direbbe loro: volete fare una bella figura con i superiori. Ecco. Ve ne do la possibilità. E darebbe loro il libro e direbbe al Padre bibliotecario che il manoscritto è di poca o nessuna importanza.

Questi pensieri lo agitano quando, con decisione improvvisa, il Padre Superiore gli revoca l'incarico di frequentare la biblioteca e gli conferisce quello, assai più prestigioso dice, di frequentare Palazzo Ciacco quale pedagogo del giovane rampollo primogenito del Contestabile.

E il momento di parlare? O di capitalizzare il segreto per tirarlo fuori all'occasione buona. In uno stato di necessità?

È questa seconda strada che Frate Tommaso decide di percorrere dopo avere ben memorizzato il senso del manoscritto ma quello che conta di più la sua fisionomia per riconoscerlo tra i tanti della biblioteca.

E da domani in casa Ciacco. Dal Contestabile. Per raggiungere la quale, dal Convento, deve intanto guadare il Busento dopo che il ponte in legno è stato travolto da un'alluvione, e deve poi inerpicarsi sulle falde del Pancrazio fin sotto il Castello per ridiscendere al Monastero della Santissima Vergine, nelle cui prossimità c'è il Palazzo.

Ha quindi la possibilità di incontrare gente, di parlare, di discutere e soprattutto, una volta al Palazzo, di toccare con mano la società bene di Cosenza, Quella che il Contestabile accoglie nei saloni dorati che affacciano sugli archi, una volta porta meridionale, quella del Savuto, della Città. Incontra il Vescovo ed il Sindaco del Sedile. Il Governatore che è marito, forse sfortunato a quanto si dice, di una bellissima signora catalana. E poi il Preside. Il Vicario. Ed i nobili. La società di una Cosenza che vive i momenti intensi di questo effervescente rinascimento. Dei Telesio, nessuno. Perché il vecchio Filosofo è chiuso in casa dopo che gli hanno ucciso in duello l'unico figlio. E lo piange, il suo Prospero, con le lacrime di dolore.

Una sera arriva un Famiglio. Frate Tommaso parla di grammatica al distratto discepolo. E da lontano gli arrivano, come un'eco, alcune parole. Ne comprende il senso.

Bernardino Telesio ha cessato di vivere.

È il tre ottobre del 1588.

Telesio è morto. Quella sera Frate Tommaso non recita l'ufficio dell'Ordine. E chiede a Dio perché un intelletto così immensamente stupendo debba cessare di pensare come quello di un inutile pecoraio, solo ubbidendo alle leggi della natura che sono uguali per tutti.

Conosce poco di Telesio. Ma tanto quanto basta per ammirarlo, per amarlo quasi e certo per considerarlo il genio più fulgido di tutto l'intero secolo.

Le esequie, lo sa dal Contestabile, saranno celebrate alla Cattedrale. Solennemente il cinque. E la mattina del cinque, di buon mattino, attende, avutone il permesso, che le porte del Duomo si aprino per entrare in Chiesa dove da lì a poco si svolgeranno le esequie del Filosofo.

Frate Tommaso prende posto vicino al Catafalco e quando a cerimonia conclusa, quattro nobili alzano la bara, il giovane di Stilo, sfila da tasca una pergamena e con solennità l'appunta al drappeggio nero orlato d'oro.

È un carme in latino di omaggio devoto.

7.

Il portone massiccio di Palazzo Arnoni si chiude lentamente ed il tiro a quattro del Governatore è al centro del cortile dal quale partono due scale: una porta sull'appartamento privato e l'altra agli uffici cittadini.

Ad attendere il Governatore, intabarrato nell'uniforme di ufficiale d'onore del corpo di guardia a cavallo del Vicario, è, ansimante, il Preside che cammina a passi brevi ma veloci. Un saluto fugace. Una sosta al primo ballatoio. E poi un fitto discorrere. Il "caso" Campanella deve essere affrontato e di più deve essere risolto prima che Napoli venga a conoscenza di quanto è accaduto in Cattedrale. E di comune accordo il Governatore ed il Preside decidono di chiedere al Superiore dell'Ordine dei Domenicani, intanto l'immediato esilio del giovane Frate, e poi quei provvedimenti disciplinari che si renderanno opportuni.

I due alti funzionari vicereali stanno per comunicare la richiesta al Convento quando, è ormai pomeriggio inoltrato, arriva trafelato il Vicario che entra senza né farsi annunciare né bussare e dice con voce concitata che l'Inquisizione per iniziativa del Delegato alla difesa della Fede, ha già chiesto ai Padri Domenicani l'autorizzazione per un primo interrogatorio di Campanella accusato di avere procurato scandalo con un atto di devozione e di profanazione: devozione alla memoria di un filosofo sotto processo e profanazione alla morte per averne violato la intimità. Dice ancora che il Convento, precedendo la richiesta dell'Inquisizione, che l'attendeva come atto dovuto, ha già provveduto all'allontanamento del Frate inviandolo in posto sicuro, quasi certamente ad Altomonte.

Il "caso" sembra chiuso. E ne sono felici la Curia, il Convento e l'Amministrazione. Senonché il Delegato alla difesa della Fede, l'Agostiniano Padre Eusebio da Caserta, istruisce un processo non solo a carico di Frate Tommaso quanto, ed è l'aspetto più preoccupante, a carico del Superiore dei Domenicani accusato di "sapere e di non parlare". A nulla vale la mediazione della Curia. Né il Governatore in persona, partito per Napoli il rappresentante personale del Viceré, riesce ad ottenere dall'Agostiniano l'archiviazione del procedimento. Cosa che avviene quando il Convento di Cosenza, con provvedimento che ha tutta l'aria della riparazione, invia ad Altomonte l'ordine perentorio secondo cui "lo Frate Campanella, in espiazione della intemperanza e de li peccati che gli saranno verificati ma che già si mostrano gravi, debba e venga tenuto nello chiuso della cella sua con la sola eccezione di potere esso deambulare nelle ore de lo giorno per li corridoi e non per lo giardino.

Altomonte, settembre 1588. È un autunno dolce. E le colline ancora coperte di verde squillano al sole nella opalescenza di tinte evanescenti che il Sole accarezza con baci profondi.

Dall'alto del Convento la valle dell'Esaro sembra una macchia di verde. Raccolta su una tavolozza iridescente.

E Frate Tommaso chiuso nella cella che affaccia sulla vallata ampia come il respiro di una fata, vive intensamente momenti lunghissimi di meditazione.

Il Convento, una massiccia costruzione catalana del secolo scorso, è ricco di una vasta biblioteca che, con la connivenza del Padre Guardiano, la più alta autorità della comunità assente com'è il Superiore perché chiamato a Napoli dal Rettore di San Domenico Maggiore, eludendo l'ordine perentorio di Cosenza inizia a frequentare con ritmo sempre più incalzante. D'altra parte ad Altomonte sono inviati quelli che nell'Ordine vengono chiamati "spiriti ribelli", per cui Campanella è come il topo nel formaggio.

Si guarda bene dall'uscire fuori dal Convento per due ordini di motivi: sa che è da saggio adottare la prudenza di non sfidare gli ordini gerarchici e sa ancora che è da saggio non offrire occasioni per ulteriori spostamenti. Teme infine che l'Inquisizione, presente ovunque, possa persino rapirlo. E così vive nel Convento, a contatto con le intelligenze più vive dell'Ordine, in una fase intensa di studio e quindi di maturazione culturale. Che trova il lievito più efficace quando diventa materia di verifica, di incontro, di scontro e sempre di dibattito.

Compagno di cella è Frate Antonino da Padova, che affascina il giovane figlio del ciabattino di Stilo quando racconta di avere frequentato, a Padova, un corso di lezioni tenuti nientemeno che da Copernico e racconta che a Padova, qualche anno fa, ha assistito al commiato di Telesio e racconta ancora che nel cortile di quella Università c'è bene in vista lo stemma nobiliare della Famiglia Telesio e racconta ancora che Copernico nelle lezioni sulla fisica terrestre ha spesso fatto riferimento al filosofo cosentino. Con Frate Antonino, figlio secondogenito del nobile Beppe Casalin, fratello minore del Doge di Venezia, il giovane Campanella stringe quella che è più di una conoscenza e che diventa amicizia quando e l'uno e l'altro scoprono di avere in comune l'amore per la ricerca, la febbre della scoperta e quello che conta di più la fede incrollabile nella ragione umana. È di questa, e soprattutto della forza che mediante questa l'uomo possiede, che parlano intere nottate, la finestra aperta sulla valle dell'Esaro e l'aria tiepida della notte che entra a tonificare le veglie che durano sino alle prime luci del mattino.

Frate Tommaso non ha remora di raccontare la sua vita. E lo fa con l'orgoglio di chi può affermare di avere risalito la china della povertà e di avere sconfitto e l'ignoranza e l'isolamento e di avere scoperto che l'anima dell'uomo è la chiave che apre la porta del mondo. Racconta di avere carpito ad un connivente maestro le prime nozioni di grammatica, e di avere avuto, e di avere perché grazie a Dio è vivo dice con orgoglio, un padre magnifico che gli ha aperto le strade della fantasia, di avere avuto in dono un libro, d'essere entrato nell'Ordine, e qui la voce si appanna, per convenienza e non per vocazione, ma di averla poi scoperta questa vocazione che è ricerca di Dio non nella idiozia dell'ignoranza e dell'ingenuità ma nella dotta ricerca della cultura.

E quando Frate Antonino, che ascolta con avidità le parole del giovane figlio di un ciabattino, tenta di contraddirlo e persuaderlo che la voce di Dio assume i toni più diversi e che si serve di ogni mezzo per chiamare una creatura al servizio della Chiesa, Frate Tommaso sorride.

Nelle lunghe notti di veglia quando dalla valle dell'Esaro sale l'odore pungente dell'erba falciata che la rugiada inumidisce esaltandone i colori, Campanella alla luce fioca della fida lampada ad olio che lo accompagna nella peregrinazione che lo porta da Convento a Convento, legge manoscritti e codici e si entusiasma ai ragionamenti dei sofisti anche se non ne condivide l'impostazione.

Poi, quasi per un tiro del caso, scopre nella biblioteca del Convento un codice trecentesco. Senza miniature. Essenziale nella severità delle argomentazioni. È la trascrizione di un'opera giovanile di Gioacchino da Fiore, scritta nel periodo a cavallo tra il ritorno della Crociata e la fondazione dell'Abbazia di San Giovanni in Fiore. Gioacchino racconta di avere toccato con mano le angherie che i Crociati, in non poche occasioni, hanno inferto agli "infedeli". E Frate Tommaso, macerandosi nel dubbio che cede sempre alle tentazioni di una ragione non temperata dalla fede si chiede se l'uomo ha il diritto, anche se parla in nome di Dio, di mortificare, fino al sacrificio, un altro uomo. Se cioè la violenza può diventare strumento di verità che è come dire violenza al servizio di Dio.

Ne parla con Frate Antonino e trova nel compagno di cella la disponibilità al dialogo che diventa momento esaltante di verifica. Una verifica che riempie le giornate di un autunno piovoso come può esserlo ad Altomonte, proprio ai piedi delle montagne alte eternamente coperte di neve.

Il Padre Superiore .- si avvicinano ormai le feste di natale di questo significativo 1588 - contravvenendo a precise disposizioni ma cedendo alle insistenti richieste di girare per le campagne, incarica Frate Tommaso e Frate Antonino di portare ai contadini con gli auguri del Convento un tangibile atto di solidarietà.

Scendono verso la vallata, portandosi dietro la mula bianca del Convento, simbolo di carità e di pace. Dal contatto diretto con quel mondo rurale che è tanto congeniale a Frate Tommaso quanto sconosciuto perché ignoto a Frate Antonino, emergono constatazioni che, a sera, magari distesi in una stalla ad attendere l'alba per riprendere il cammino, diventano motivo di considerazione.

E Campanella non comprende i motivi che inducono i contadini alla rassegnazione nei confronti di una feudalità che il Viceregno sostiene e mantiene, quando invece dalla ribellione potrebbero e dovrebbero sortire i motivi legittimanti della rivolta. La rassegnazione dei contadini come effetto di primo dell'incultura è per Campanella l'aspetto più negativo di una situazione che diventa amorfa perché è la negazione di Dio, se è vero che Dio è giustizia, che Dio è amore, che Dio è fratellanza. Né questo mondo rurale - lo constata con amarezza che è riprova di una generalizzazione a macchia sconfinata - lascia intravedere i pur se pallidi segni della ribellione allo strapotere.

Ma lo strapotere, fa notare Padre Antonino, è la risultante nell'ambito della feudalità, di interessi assai convergenti. Uno tra questi, forse il meno appariscente ma certo il più sottile e quindi il più suadente è quello esercitato dalla Chiesa. Per cui la lotta allo strapotere feudale incontrerebbe l'opposizione della Chiesa. E si scontrerebbe con la gerarchia. Ma Frate Tommaso non accetta questa impostazione quanto sostiene, e lo fa al cospetto del Padre Superiore e del Capitolo del Convento, che il sostegno offerto dalla Chiesa, nella sua ufficialità verticistica ma non nella ufficiosità di base, il Viceregno toglie alla Chiesa stessa la legittimazione di parlare e quindi agire in nome di Cristo che della giustizia e dell'amore è l'affermazione più pura.

E allora, sostiene Frate Tommaso, studiando ancor più minuziosamente il pensiero di Gioacchino, ha ragione l'Abate da Fiore quando intuisce nel rinnovamento di una Chiesa che torni alla vera essenza del suo ministero, il momento qualificante di una rinascita dell'uomo. Una rinascita dello spirito. Che ponga l'uomo al centro della realtà esistenziale.

Gioacchino diventa il modello della rigenerazione. Che nel disegno di Campanella è praticabile a condizione di una ribellione del popolo allo strapotere e vicereale e quindi feudale ed ecclesiastico. In armonia con questa impostazione opera una formazione capillare che si concretizza nella dimostrazione di una avvertita necessità. Il potere della Spagna costituisce la trave portante della prepotenza feudale e della connivenza curiale che diventa negazione del messaggio cristiano.

Frate Tommaso solca in lungo ed in largo le campagne di questa amena Valle dell'Esaro che a primavera diventa tutto un fervore di attività che polarizza l'occupazione contadina. Si raccoglie il pampino dei gelsi per farne pasto al baco che diventa bozzolo e che si trasforma per una di quelle alchimie della natura in seta. E la seta è appetita dai mercanti arabi i cui rappresentanti scelgono per antica tradizione. Altomonte quale loro quartiere generale. L'occasione quindi diventa propizia per Campanella per intavolare, senza sospetti almeno palesi, rapporti con gli opulenti mercanti di seta che portano sulle amene colline che degradano dalla valle fino alla cima della Mula, i loro usi, i loro costumi e quello che conta di più i loro denari. Con uno di questi mercanti, Anastà Al Tomà, il giovane monaco stringe rapporti prima di cordiale conoscenza e poi di intensa amicizia.

Si disimpegna Frate Antonino e Campanella, eludendo sempre di più la sorveglianza del Convento, incontra ormai senza remore né precauzioni, l'arabo che è personaggio di rilievo per consistenza finanziaria ma anche per credibilità e quindi per peso politico. Ad Anastà Frate Tommaso rappresenta la situazione di tutta una gente e pone l'accento sulla avvertita necessità di un rinnovamento che non può non avere come punto di partenza la ribellione popolare al governo vicereale.

Di questo stato di malessere ma soprattutto di questa attesa, Anastà, in uno dei ricorrenti viaggi in Medio Oriente, parla con ambienti qualificati i quali gli danno esplicito mandato di intensificare i contatti con il Frate. Il che avviene puntualmente in un crescendo di rapporti che culmina, in occasione della mercature della seta nei primi di giugno del 1589, in una riunione di mercanti, alcuni, per evidenti motivi di precauzione, finti, cui partecipa Campanella.

L'incontro avviene in località Bosco Sottano, quasi in riva all'Esaro, ed ha per oggetto ufficialmente la individuazione, per libra, del prezzo della seta. Stabilito il quale a vantaggio dei contadini per evidenti ragioni di opportunità quasi fosse una captatio benevolentiae, il discorso scivola sulle condizioni umane e quindi economiche dei contadini. Ad appesantire le quali, dice Campanella, parlando in latino che è la lingua conosciuta anche dagli arabi, avrebbe parte determinante lo strapotere vicereale.

Da qui alla opportunità di una ribellione il passo è breve. Ed i mercanti, quelli veri per evidenti motivi commerciali e quelli finti per altrettanti evidenti ma non per il momento apparenti motivi politici, e Frate Tommaso convengono che la ribellione può diventare un fatto concreto. Campanella giustifica con la propria coscienza questa disponibilità al ricorso alla lotta, con la convinzione che Cristo nel suo disegno di giustizia, che è l'obiettivo primario della esistenza divina, non può non approvare l'esigenza di una gente che lotta per la propria indipendenza. Cristo è amore e il Viceregno è odio. E Cristo allarga le braccia a quelle forze che concorrono alla realizzazione della giustizia.

Dopo meno di una settimana l'incontro si ripete e questa volta si entra nel merito fino a toccare gli aspetti operativi dell'operazione. I mercanti arabi promettono sostanziosi aiuti militari. In termini concreti si impegnano di trasformare il movimento di idee in movimento di lotta. Assicurano cioè le armi. Che sarebbero trasportate dall'Oriente e che sbarcherebbero, ad una data da concordare, sulla costa ionica, e da qui sarebbero inoltrate fino alle colline di Altomonte. Da una parte i loro contadini si impegnano di assicurare il reclutamento di almeno cinquecento uomini, di centoventi cavalli e di mezzi di sussistenza. L'appuntamento è per settembre, quando i mercanti, come è consuetudine, arrivano ad Altomonte per consegnare ai contadini i "vurvini" che sono poi le uova da cui nasceranno i bachi.

Impegno solenne, sul proprio onore. Frate Tommaso si fa carico di una capillare azione di proselitismo ed i mercanti mettono mano alla borsa. Ma Campanella rifiuta don sdegno. È una estate eccezionalmente torrida questa del 1589.

Il giorno della festa dell'Assunta, a metà agosto, arrivano in un Paese in ebollizione per i giochi popolari che vanno avanti tutta la notte e per la banda musicale che solca i vicoli della cittadina, due mercanti arabi. Fatto eccezionale che trova però ufficiale spiegazione nella definizione di alcune trattative rimaste sospese per la mercatura della seta. In realtà i due mercanti cercano ed incontrano Frate Tommaso al quale dicono senza mezzi termini che la fornitura delle armi deve avere un corrispettivo. Devono cioè i contadini impegnarsi a versare i bozzoli senza pretendere pagamento alcuno.

Frate Tommaso resta perplesso ed intuisce che sarà difficile persuadere una gente che vive in miseria a rinunciare all'incasso della maggiore entrata. Ed è la ratifica di questa prima impressione quando nelle periodiche visite ai casolari sparsi sulle colline, tra il serio ed il faceto chiede fattiva collaborazione, sprona a sacrifici e sottolinea la utilità di una ribellione che sarà destinata ad avere successo solo se sarà una corale partecipazione tanto più decisiva quanto più avvertita, i contadini seguono le idee del Frate se non con diffidenza certo con distacco. E di questo Campanella non fa cenno ai due mercanti ed assicura invece loro della disponibilità di un mondo rurale che attende il segnale per combattere l'Armata. Il resto è dettaglio.

La macchina organizzativa è in moto. Il Frate di Stilo non se ne rende conto ma gli arabi stanno mettendo a punto un potenziale bellico di notevole potenza.

Campanella è preso dagli studi. E compone sempre di notte forse perché, come confessa candidamente al compagni di cella, l'oscurità non lo distrae da pensieri estranei, un trattato sulla intuizione filosofica di Telesio ed intitola l'opera "Philosophia sensibus demostrata".

È il suo primo impegno che lo prende senza però fargli perdere di vista l'azione politica che conduce nella certezza di rendere un servizio alla giustizia predicata da Cristo per la fratellanza degli uomini. Stanco e amareggiato dalle beghe conventuali, dai rimproveri dei superiori, dalla grettezza paesana ma soprattutto affascinato dalla speranza di potere dare alle stampe l'opera che considera come parte integrante della sua vita, svela a Frate Antonino un piano di evasione. E mette al corrente il compagno di cella di quello che avverrà nei primi di un settembre ormai alle porte. Dice, e lo dice con convinzione, che nei giorni di lotta il saio bianco di un Domenicano è fuori posto infuria la battaglia e di più costituirebbe disagio, a dir poco disagio, per la intera comunità conventuale che sarebbe coinvolta in una impresa dalla quale è rimasta sempre estranea. Tanto il suo ruolo l'ha svolto. Ruolo di ponte tra il mondo rurale e quello arabo, ruolo di penetrazione, maggiormente di persuasione. Da qui la decisa volontà di lasciare Altomonte.

E la vita libera condotta da Campanella non fa pensare ad una fuga. È un disimpegno. Il secondo disimpegno di Frate Tommaso che si innamora di quelli che considera i pressanti problemi di una ribellione progettata e che al momento della verità, ma non per viltà né per opportunismo, abbandona al destino dell'insuccesso.

Perché l'accordo fra i contadini ed i mercanti arabi non trova riscontro operativo nella realtà di Altomonte dove le esigenze di indipendenza cedono il passo all'ottenimento di condizioni più favorevoli in termini soprattutto fiscali. E quando, il dodici settembre, il tre alberi arabo butta l'ancora nella baia di Turis non trova ad attendere il carico le masse contadine. Trova una spiaggia desolatamente assolata. Il sogno di Campanella di un riscatto popolare contro la Spagna si infrange e fallisce clamorosamente tanto che il Governatore di Cosenza, sotto la cui giurisdizione trovasi Altomonte, è informato del tentativo di ribellione per vie traverse, quando i mercanti arabi, per rappresaglia rifiutano di incettare i bachi da seta.

Campanella è ormai lontano da Altomonte. L'ha lasciata di buon mattino, alla fine di agosto, con nella bisaccia, quella rattoppata e scolorita dal sole che ha portato sulle spalle da Stilo a Placanica prima e poi a San Giorgio Morgeto e poi a Nicastro e poi a Cosenza e poi ad Altomonte, il piccolo corredo di un umile Frate, il libro che gli hanno regalato i due Speziali nella villa del farmacista di Stilo, ed il manoscritto che in ogni sosta, all'ombra degli alberi, legge e rilegge fino a conoscerlo a memoria.

Da Altomonte punta verso nord. Segue una direttiva di marcia che punta su Acquaformosa. Da qui la scalata, su viottoli appena tracciati e cancellati dal vento che a quota tanto elevata è impetuoso, alla Mula da dove per l'ultima volta coglie, nell'interezza di un verde appannato dalle macchie di giallo dei campi di grano ridotti a ristoppie, la valle dell'Esaro che si confonde laggiù con la piana di Sibari e dall'alto veramente intravede, filtrati dai rami dei pini, i colori evanescenti del Tirreno.

E su questa strada che sono passati i coloni greci quando hanno tracciato la via istmica tra lo Ionio ed il Tirreno. E due civiltà, quella dei Greci e quella degli Etruschi si sono incontrate per costruire l'anima dell'uomo moderno.

Quasi a duemila metri, sulle vette della Mula dove volteggiano le aquile, Frate Tommaso si ristora all'ombra delle conifere.

Napoli è lontana. Ma lo sa. A Napoli è tutta un'altra vita.

8.

E la coglie questa diversità quando, con nella bi-saccia una lettera di presentazione, bussa al portone maestoso di Palazzo Sersale dove il Principe, don Sebastiano, zio della vedova di Bernardino Telesio, lo accoglie con legittima diffidenza venata da una certa curiosità.

Lo interroga e chiede notizie di fatti e di persone, si interessa ai suoi studi e si sofferma su Cosenza che ha visitato non poche volte.

Il Principe che era presente quella mattina del 5 ottobre 1588, in Cattedrale, ai funerali del Filosofo, sorride nel vedersi davanti il giovane fraticello domenicano che allora osò sfidare Inquisizione e Curia, Viceregno e Sedile.

Sono trascorsi, da quella mattina, soltanto tre anni ma di quel giovane caparbio nulla è rimasto e forse nemmeno lo avrebbe riconosciuto se non avesse letto, e con attenzione, la lettera di presentazione che ha tra le mani - mani curate dalle dita affusolate, sull'indice il sigillo di Famiglia - e che appoltiglia come a lacerarla, forse per non lasciare prove: Frate Tommaso è scappato dal Convento, ha scritto un libro su Telesio e maggiormente è quello che ha appuntato un carme latino sul catafalco del Filosofo. Tanto, cioè, per avere prudenza.

La intelligenza e la vivacità di Campanella spingono il Principe a tenerselo in casa. Gli offre ospitalità. Ed è quello che il Frate nemmeno osava sperare.

Eccolo così a Napoli in un palazzo principesco a contatto quotidiano con don Sebastiano che è umanista aperto alle effervescenze della cultura, e libero di potere frequentare senza permessi e senza spiegazioni una tra le più ricche biblioteche della Capitale, e libero ancora di intrecciare rapporti e di stringere amicizia.

A Palazzo Sersale è di casa Giordano Bruno che Frate Tommaso guarda con ammirazione, osa fargli domande e spera di ricevere protezione ed amicizia.

Campanella studia tutta la notte, non più alla fioca luce della lampada alimentata dall'olio rubato all'insalata, ma nello sfolgorio di cento candele. Spesso il Principe, dopo avere bussato alla porta con quelle mani diafone, che lasciano intravedere nel pallore lunare della pelle persino le vene delle dita lunghissime, si intrattiene con Frate Tommaso, curiosando nelle ricerche ed interessandosi agli studi del giovane domenicano che ormai è di famiglia al Palazzo di Trinità Maggiore, proprio alle spalle di San Domenica. E così il Frate vive intensamente le tensioni di una Napoli aperta alle correnti di pensiero di tutta Europa.

Pronto nelle risposte, forbito nella eloquenza che è essenziale in una eleganza oratoria spezzata da lunghe pause e da successive ed immediate piene concettuali, gentile nei modo che contrastano con la figura tozza dominata da una testa enorme sulla quale i capelli sembrano un cespuglio cresciuto in disordine, suadente con una voce cavernosa a volte persino metallica e sempre martellante, Campanella affascina le sere di palazzo Sersale dove, attratta dalla personalità di Giordano Bruno, si dà convegno l'intelligenza di Napoli, quella più avanzata e che in indipendenza morale anticipa gli aneliti di rinnovamento spirituale.

E quando qualcuno, quella sera del marzo del 1592 gli chiede la fonte di una dottrina, di una dottrina tanto varia che spazia dalla teologia alla fisica, dall'astronomia alla matematica, Frate Tommaso, tra il serio ed il faceto, ama rispondere che nella vita ha consumato molto più olio per la lanterna che vino per la mensa. E dice ancora, rispondendo alle insistenze di un francescano, Padre Alfonso da Cassino considerato uomo di lettere e quindi aperto al dialogo, che, come afferma il verbale accusatorio della Inquisizione nella prima fase processuale, *io habbio allogato ne la ugghia de lo mio dito mignolo un diavoletto che scoto col movere la mano ed ello da la ugghia salisce alle cervella et in queste dona suggerimenti alli domandi.*

Padre Alfonso, forse per invidia e forse per rabbia e forse ancora perché vistosi preso in giro dal giovane domenicano che resta ancora il rozzo figlio dello scarparo di Stilo, dà notizia della *impertinenzia* di Campanella al Padre Superiore. Padre Giantommaso Carolei dei marchesi di Stallatì. Il Superiore avverte il dovere di informare, ma con discrezione, gli uffici inquisitoriali che *nello palazzo dello Principe Sersale sopra Trinità Maggiore dove alloggia lo scomunicato Giordano Bruno, un altro sconsiderato fraticello, di dubbia origine, inimico della fede ironizza et confessa la sua propria possessione allo demonio.*

È quanto basta per mettere in moto la macchina processuale. Due sbirri, mantello nero e cappello a cilindro altissimo, la notte del 20 aprile del 1592, bussano al portone del Palazzo e chiedono di Frate Tommaso, che ignaro trovasi in biblioteca a leggere, con don Sebastiano, il trattato del Tagliavia sulla mobilità della Terra. I due sbirri annotano. Interrogano. Spiano. Poi con deferenza lasciano il Palazzo. Tornano dopo una settimana - intanto Giordano Bruno ha lasciato Napoli - e col solito cerimoniale, reso più solenne dall'ordine di carcerazione che nascondono nella giberna, irrompono nella biblioteca.

Frate Tommaso è chino ad annotare con una grafia fitta quasi illeggibile. È il testo di Tagliavia.

Ha la febbre. Gli occhi lucidi fissano le pagine che le mani tozze sfagliano con ritmo disuguale.

Uno dei due sbirri, con formale cortesia ma con altrettanta durezza, comunica all'attonito domenicano che *per la disciplina che non ha avuto e per l'ardimento che invece ha avuto e per l'insolenza che ha dimostrato este stato deciso che lo nominato Campanella Tommaso di anni 24 nomatosi domenicano debba presentarsi at l'alba dello giorno a venire avanti de lo iudice della Santa Inquisizione, in nome di Dio.*

Non un tremito tradisce l'emozione del Frate. Che a viva forza contravvenendo all'ordine di comparizione appena notificatogli, viene trascinato di forza fuori dal palazzo dove è in attesa, con la portiera aperta un tiro a due. I cavalli partono al trotto e dopo pochissimo tempo, Frate Tommaso per la prima e non certo per l'ultima volta, varca il portone della Vicaria dove accanto agli uffici giudiziari del Viceregno ha sede il tribunale della Inquisizione.

Al buio per parecchi giorni, mancante di finestra, la cella diventa testimone unica, spoglia com'è senza letto e senza sedia e senza tavolo, del dramma del Frate che intuisce le conseguenze di questa tragica avventura. Capisce che ha ormai perduto la benevolenza del Principe Sersale e sa anche che don Sebastiano finirà per disimpegnarsi, se non lo ha già fatto, fino a prendere le distanze e ad abbandonarlo al proprio destino.

L'isolamento dura molti mesi. Finalmente nei primi di febbraio del successivo 1593 inizia l'istruzione processuale che parte da una imputazione pesante: il Frate ospita nell'unghia di un dito, ed i giudici impiegheranno molto tempo per accertare di quale dito si tratta, un diavolo che, per esplicita dichiarazione resa dall'imputato alla presenza di *notabili personaggi* che ne attestano per averla udita la confessione *nec richiesta ed nec, Dio guardi sempre estora ma detta in coscienza et in libertate di intelletto*, ospita un diavolo che *risalendo lo corpo dello disgraziato arriva alle cervella dello stesso e quivi detta notizia perché il peccatore risponda a le domande.*

L'interrogatorio va avanti per alcune settimane. È ascoltato, quale testimone, il Principe Sersale che tra una ammissione, *lo frate habe una cultura superiore a la norma delli mortali*, ed un dubbio, *lo frate rinchiudendosi nella locala dei codici l'auscultao dire cose senza senso*, ma subito a chiarimento, *non lo saccio se parlasse a qualcheduno o dialogasse con lo se medesimo.*

Sospetti. Non prove.

Anche per i rapporti tesi tra l'Ordine dei domenicani che a Napoli sono stati costretti a cedere la gestione della Inquisizione ai francescani, ed il Viceregno, nella persona dei Viceré, appare opportuno a Padre Giantommaso Carolei di avocare a sé la fase istruttoria del processo per *appulcrirla de le note et de le notizie su lo passato dello sciagurato peccatore.*

Un eufemismo non solo per prendere tempo ma anche per creare le premesse del non luogo a procedere.

È di domenica. Quella dell'Avvento. Si avvicina il Natale del 1594 ed il Principe Sersale si reca *allo bacio della mano de lo Cardinale patrono di Napoli.*

Tutta la nobiltà della Capitale affolla l'anticamera del prelato. Da un angolo un dignitario di Curia si inchina. Don Sebastiano capisce. Ed i due si incontrano nella piccola sala, tappezzata in raso rosso, che raccoglie antiche reliquie. Il dignitario si inchina leggermente e sussurra alle orecchie del Principe che da un intervento personale del Cardinale *è sortita la benevolenza de la Inquisizione*, non, si affretta a dire, per perdonare *li peccati de lo sciagurato Frate che sono grandi come est grande la bontate di Dio Onnipotente ma per fare lo modo che la Signoria Vostra Eccellentissima non fosse manco a la lontana commistata con lo procedimento contro lo sciagurato che tale è e resterà.*

Passano pochi giorni e per Frate Tommaso *riconosciuto sine la culpa* si aprono i cancelli della Vicaria con una ordinanza che è minacciosamente severa: *entro e no ulteriore a li sette giorni della attuale simana lo nominato Campanella Tommaso, calabrese, debba lasciare la cittade di Napoli e lo territorio che la attornia e debba il nominato tornare nelle Calabrie a lo paese suo per non dare altre dannazioni all'anima sua sciagurata et a quelle di chi ha la sventura di essergli vicina.*

L'ordine è perentorio.

Frate Tommaso non ha l'animo di tornare a Palazzo Sersale anche perché don Sebastiano è partito. Non ha il coraggio di chiedere ospitalità al Convento dell'Ordine nel chiuso del quale sarebbe al riparo della vendetta dell'Inquisizione. Non ha l'ardire di chiedere protezione ai circoli culturali che a Napoli abbondano. Non ha la spavalderia di ignorare l'ordine così drastico. E di più non ha la minima voglia di tornare a Stilo da dove è scappato per fuggire all'isolamento ed all'ignoranza. È solo in una Napoli variopinta che odora di miseria ma che splende di tanta umanità. Vaga senza meta per due giorni. È affamato e si procura del pane scaricando le botti da una nave. Ma poi indossa nuovamente l'abito talare che aveva riposto nella bisaccia e stringe i denti e dorme sotto i pini di un giardino con i cani che latrano ed il freddo pungente della notte che pizzica la carne. A

Stilo, no. Sarebbe la fine dei sogni. La fine della speranza. Sarebbe la dannazione.

Il termine dei sette giorni sta per scadere. E sa che un monaco che vaga senza meta, lacero, sporco, la barba ispida un certo sospetto lo desta.

Sa che deve decidere.

È un gennaio rigido questo del 1595 appena iniziato e dai monti Flegrei arriva, spinta dalla tramontana, l'aria fredda che la neve, sulla vetta delle montagne, rende gelida.

Frate Tommaso è rimasto tutta la notte inginocchiato davanti all'Altare laterale della Cappella di Palazzo Sersale. E quando le prime luci dell'alba fendono le vetrate della Chiesa, Campanella affronta con un residuo di coraggio quella che sarà una giornata decisiva. Intanto un punto è fermo. Deve assolutamente lasciare Napoli. Altrimenti l'Inquisizione sarebbe legittimata ad arrestarlo, e questa volta senza che il giovane domenicano potesse godere della tacita protezione del Principe. Dunque, una decisione. Scarta l'allettante ma troppa pericolosa prospettiva di rimanere a Napoli.

Due le possibilità: La Calabria. Firenze. Dove il Granduca di Toscana, principe illuminato e fine ed elegante umanista come sfondo culturale di una intelligenza politica, potrebbe assicurargli protezione. O le Calabrie. Ma le Calabrie significherebbero la miserevole vita conventuale o di Stilo o di Nicastro o di Cosenza dove ha vissuto, è vero, momenti esaltanti di studio e di creazione ma dove le beghe e le miserie umane diventerebbero opprimenti fino al turbamento d'un'anima che avverte invece il bisogno di un ricorrente arricchimento spirituale. Le Calabrie, no. Gli vanno strette. E poi sarebbe la confessione di un clamoroso fallimento. E allora Firenze. Se non altro per continuare a sperare.

E sulla strada per Firenze si incammina la mattina del 28 gennaio. con sulle spalle la bisaccia sbiadita dal sole. All'interno le vesti logore. Le scarpe cucite dal padre. Un pane e il libro stampato, con ai bordi le annotazioni. Il libro donatogli dai due Speziali. E tanti manoscritti che ha redatto a Napoli, nelle veglie dorate di Palazzo Sersale. Sono scritti di fisica, di cosmologia, di politica. Una compiuta metodologia per le scienze naturali. Ed, amatissimo, un progetto che egli stesso definisce utopistico per unificare tutta la Terra nella fede cristiana. Lo ha intuito ad Altomonte, sotto il sole della valle, ed ha immaginato la Città dei giusti, la Città del Sole. Non sa ancora se sotto il governo del Papa. Di questo certamente no. Ma di un Papa che interpreti la logica del Vangelo e che sia lo specchio della parola di Cristo e che sia l'immagine dei bisognosi del mondo, certamente sì.

Da Napoli a Roma quasi sempre a piedi, camminando ai margini dell'Appia che gli evoca memorie antiche di grandezza. Qualche sosta. Aiuti ai contadini in cambio di una minestra calda, di un giaciglio. E poi di buona lena di nuovo in cammino a volte su un carro trainato da buoi ad ascoltare la gente. Verso Roma. Che gli compare da lontano, dall'alto delle colline che circondano la Città in un pomeriggio limpido. L'aria è frizzante.

Poco tempo a Roma. Meno di una sosta, perché gli sbirri dell'Inquisizione sono dappertutto: nelle taverne, avanti le Chiese, di notte sotto i ponti del Tevere. Un'occhiata alla Città e poi, quasi di corsa, come la preda che avverte sul collo il fiato caldo del segugio, verso la periferia e da qui la strada per Firenze: la Salaria. Lunga. Battuta dalla tramontana. I carri non si fermano. E Frate Tommaso cammina quasi fosse spinto dalla speranza di una buona accoglienza nella Città del Granduca.

Due giorni di attesa e finalmente, alla metà di febbraio, di domenica, il sospirato incontro a Palazzo Ducale. Il cerimoniale è ridotto al minimo e Frate Tommaso ha la possibilità di esprimere quelle che sono le sue attese. Racconta brevemente le vicende dell'ultimo periodo e sottolinea l'ultima avventura napoletana che lo ha visto imputato davanti al tribunale dell'Inquisizione. Il Granduca, che è uomo dotto e vicino alla cultura e che ha fatto di Firenze il punto di incontro di un rinascimento in piena affermazione, ascolta con interesse, chiede spiegazioni, mostra non poca partecipazione ma non risponde alla richiesta del domenicano. Che è precisa. Frate Tommaso con le referenze degli studi compiuti e dei manoscritti redatti con una grafia chiara, attende dal Granduca un incarico universitario. A Pisa o a Siena. Di fisica o di geologia. E la chiede, la cattedra, con la modestia di chi vuole rendere un servizio per il bene della cultura.

Ma il Granduca continua a tacere. E quando il giovane figlio dello scarparo di Stilo dice con crudezza che per incontrare il Granduca ha percorso a piedi la strada che da Napoli porta a Firenze, suscita nei presenti - dignitari di Corte che sono la crema della sapienza e dell'intelligenza toscana - una certa tenerezza cui dà voce il Gran Cancelliere quando perora la causa del Frate. A questo punto il Granduca deve parlare. E lo fa con la grazia del Signore che dosa le parole. Certo, parla pacatamente, le ragioni del giovane domenicano non sono né poche né di poco interesse, e molto interesse ha suscitato la dissertazione fatta sui temi della fisica e della teologia, ed altrettanto grande interesse ha sollevato la lettura della apologia del Telesio la cui fama è giunta a Firenze, ma da qui a concedere l'insegnamento in una cattedra universitaria il passo è lungo. Campanella è giovane ed è valoroso. Ma, e si ferma, ha pure tante grane con l'Inquisizione, E non che il Granduca ne tema le ire. Ma vivaddio un po' di prudenza non è mai fuor d'opera.

Frate Tommaso capisce e non insiste. È forse la dignità con la quale si raccomanda, è forse la onestà e la chiarezza delle idee che esprime o è forse la rudezza dei modi che è dimostrazione di una semplicità che lo rende vaso di coccio tra tanti vasi di metallo, è forse questo e quello che fanno breccia nell'anima del Granduca, ma non fino al punto, di assegnargli la cattedra ma di offrirgli una "commendatizia" per la Biblioteca Universitaria di Bologna che in fase di ristrutturazione è alla ricerca di studiosi e di ricercatori.

Con la lettera nella bisaccia ma più significativamente con la rinnovata fiducia che il Granduca gli ha dato, Frate Tommaso, nella primavera del 1595m quando cioè l'Appennino diventa praticabile, lascia Firenze e a piedi si incammina verso Bologna dove prende alloggio in una taverna a poco prezzo che gli assicura anche il cibo in cambio della tenuta dei conti.

Da Firenze, dove ha frequentato gli ambienti culturali, è partita certamente una segnalazione della presenza del Frate alla Inquisizione verso la quale è in debito per non aver ottemperato all'ordine di trasferimento nelle Calabrie. Ma a Firenze gli sbirri non lo trovano. Lo rintracciano a Bologna e ne informano il Giustiziere che ha ufficio presso la Curia. Individuata la dimora, espletata un'indagine ricognitiva, l'Inquisizione entra in azione. Fa irruzione nella stanza del Frate e sequestra libri e manoscritti. Specie questi sono i bocconi preferiti dal Giustiziere che non si contenta di ordinare al Frate il rientro nelle Calabrie. Vuole colpirlo più pesantemente. Per comprometterlo ordina agli sbirri di seguirne a distanza i movimenti, di annotare, di riferire. I manoscritti sono inviati per corriere a Roma.

È un momento difficile. Per un attimo pensa di arrendersi alla realtà, alla dura realtà della vita. E forse è l'unica volta, tornato a sera tardi ha constatato l'irruzione e verificato la sparizione dei lavori, che Campanella sorride al ricordo di una prima giovinezza vissuta nell'isolamento e nella miseria di una Stilo che non gli è rimasta nel cuore, tanto è estranea al suo mondo.

È disperato.

Solo con se stesso. Immensamente solo nella immensità della solitudine.

Una notte insonne. L'incubo degli sbirri che possono tornare, la paura dell'irreparabile. Ma maggiormente il terrore di non poter più chiedere a se stesso lo sforzo creativo. È disperato. Poi una luce di speranza. E l'impegno di iniziare tutto da capo. Con la convinzione che riscrivere tutto può diventare motivo di approfondimento.

E di buona lena torna al lavoro. Di notte e di giorno. Sistematicamente riscrive di fisica, di cosmologia, di politica, di scienze naturali. E riscrive il progetto utopistico per riunificare tutta la Terra nella fede cristiana.

Esce raramente anche per il timore di essere notato dagli sbirri dell'Inquisizione. E soddisfa esigenze, legittime, del proprietario della taverna con una contabilità sempre precisa ed oculata, Frate Tommaso scrive anche di notte di nuovo utilizzando la vecchia lucerna che gli è stata fedele nel lungo suo peregrinare.

Passa l'estate. Ed all'inizio dell'autunno Frate Tommaso è quasi sul punto di bussare al Convento dei Domenicani, sopra San Petronio, non fosse altro che per chiedere ufficialmente ospitalità ma effettivamente per poterne frequentare la biblioteca, quando gli viene riferito con l'aria di chi invita alla prudenza, che gli sbirri dell'Inquisizione tengono perennemente sotto controllo la taverna. Il Frate per timore di sortite e soprattutto per evitare fastidi all'ospitale padrone decide di lasciare Bologna. E lo fa con angoscia perché ormai la vita nella taverna soddisfa le esigenze modeste di una esistenza priva di bisogni se non quelli essenziali e perché non sa chiaramente dove andare.

Un carro carico di botti parte per Firenze. E Frate Tommaso decide di approfittare della circostanza per tornare a Palazzo e chiedere al Granduca una nuova "commendizia" che, avutala, costituisce l'unica sua speranza.

È di nuovo in cammino. A piedi il più delle volte, e raramente a bordo di qualche di qualche carro da trasporto. La bisaccia più leggera. Il saio sdrucito. E nel cuore la rinata speranza di continuare gli studi, di intensificare le ricerche, di verificare ipotesi di idee.

Dura molto il viaggio perché intanto sopraggiunge l'inverno e quando in una fredda sera di dicembre arriva a Padova constata che deve mettere da parte ogni residuo di orgoglio e deve bussare, per chiedere ospitalità, al portone del Convento. Che non è dei Domenicani. È degli Agostiniani. E questi riservano all'infreddolito giovane Frate accoglienza gioiosa che diventa ospitalità completa quando apprendono, ma non tutte, le traversie cui è andato incontro. È un ambiente giovanile, persino allegro, di cultura inferiore alla media. E trova posto nella cella vicino a quella del Padre Guardiano. La divide con altri giovani Frati. Uno dei quali, Frate Enriquez, di origine catalana. Frequenta l'Università dove, dice all'attonito Campanella, è ancora vivo il ricordo di Telesio.

Con una punta di orgoglio Frate Tommaso tira dalla bisaccia il superstite libro a stampa che ha scritto qua-

le apologia del Filosofo. E la mostra a Padre Enriquez
che sinceramente soddisfatto lo mostra agli altri Frati
e di mano in mano arriva in quelle del Padre Superiore
che è un'autorità nel campo filosofico non solo patavino.
Si chiama Padre Teodato. È di origine austriaca e parla
non troppo correttamente l'italiano ma quanto basta per
capire e farsi capire.

Pare che la lampada della cella dove riposa il Superiore sia rimasta accesa tutta la notte. E c'è chi giura di
avere udito parole, ora di ammirazione ed ora di appro-
vazione. E c'è altri ancora che dice di averlo visto uscire dalla porta e di chiedere al primo che ha incontrato
quale fosse la cella del nuovo venuto. Di certo c'è che
al mattino, in refettorio, dopo la prima orazione ed in
quel breve intervallo che consente ai Frati di scambiare
fugacemente qualche parola, Padre Teodato cerca a voce
alta il calabrese, come Frate Tommaso viene chiamato.

Parlano lungamente. O meglio. A parlare è soltanto il Superiore. Campanella o assente o tace. E Padre Teodato, elegante nel portamento austero che incute non
poca soggezione, parla sillabando per chiedere notizie,
spiegazioni. Per una verifica. Telesio è stato di casa a
Padova. E la biblioteca del convento conserva l'opera
omnia del Filosofo, quella stampata a Napoli circa dieci
anni fa. Lo dice con un pizzico di orgoglio precisando
che è dono di Telesio. Ma, insinua, l'apologia del libro,
e lo accarezza con amore, potrebbe essere considerata
se non altro intempestiva e certo un tantino sospettosa
per quegli ambienti culturali che fanno capo alla Curia.
Non lo dice espressamente ma il senso del discorso e
fin troppo chiaro: sei il benvenuto caro Campanella. E
te lo abbiamo detto. Ma l'abbiamo detto al viaggiatore
infreddolito. Non lo possiamo ripetere al pensatore ri-
belle. Che è come dire, addio.

E Frate Tommaso è di nuovo senza dimora, senza cibo, senza mezzi in una città che brulica di studenti. Pochi giorni e Frate Campanella trova un'occupazione, quale guardiano notturno nella bottega di un vetraio. Concordano il compenso che è sufficiente per la sopravvivenza. Il giorno completamente libero. E la notte a guardare che i ladri non entrino in bottega.

Incontra per caso quel Frate Enriquez e riannodano una conoscenza che diventa amicizia quando Campanella inizia a frequentare l'Università, come studente in medicina. Si dà il caso che sia rimasto vacante un posto riservato all'Ordine Domenicano. Lo occupa Frate Tommaso, che non crede ai suoi occhi quando ha la possibilità di entrare nell'aula dove ha insegnato Telesio, di toccare il tavolo, la sedia. Di respirare l'aria che ha respirato Telesio.

È l'occhio che lo affascina. Perché è con l'occhio che l'anima percepisce la realtà che circonda l'uomo. Ed è con l'occhio che l'uomo partecipa ai miracoli della natura.

Compie studi approfonditi. In termini fisiologici e patologici l'occhio non ha più segreti per Frate Tommaso che all'alba quando dovrebbe iniziare il riposo che lo compensi del lavoro notturno, infila la porta della biblioteca universitaria dove rimane fino alla chiusura, sempre curvo a consultare codici, manoscritti; a confrontare, a verificare.

Stringe amicizia, per comuni interessi culturali, con un giovane di origine austriaca, gli antenati sono emigrati a Vienna dalla Polonia, che abita a Venezia e che frequenta il corso di anatomia all'Università di Padova. È Alberto Toplin. Alto. Biondo. Elegante nel portamento. Gentile nei modi. Quasi volesse continuamente chiedere scusa della sua presenza. Disponibile alla discussione. Aperto al dialogo. Ce ne è tanto per costituire l'interlocutore ideale di Frate Tommaso che invece è tozzo, burbero, intollerante. E dall'incontro nasce un sodalizio che non è solamente culturale ma che diventa amichevole per le confidenze che l'un l'altro si fanno. E conducono insieme, su preciso incarico del Maestro, uno studio sulla formazione del cristallino. Vanno spesso in sala anatomica e constatano sui cadaveri quelle che sono intuizioni che diventano magari considerazioni e che il Maestro sarà deputato a valutare.

Po in giro per Padova. A discutere. Ed è in una di queste peregrinazioni che gli sbirri dell'Inquisizione notano quella che ne rapporto definiscono *"una straneria di amichevole sodalizio tra lo studente che ammantasi, profanandolo, di veste monacale e lo notorio ebraico di razza noto agli archivi nostri per aver primieramente fatto atto di conversione e per avere poi fatto ritorno alla antiqua religione de li padri suoi"*.

Il meccanismo si mette in moto. Frate Tommaso, di cui l'Inquisizione ha un fascicolo grosso come un volume, viene iscritto nella lista dei "vigilandi", quindi seguito con particolare attenzione. Di lui vengono annotati i movimenti. E la Inquisizione acquisisce notizie che sembrano sconcertanti: lavora di notte e ne approfitta per praticare la magia - gli sbirri scorgono nella bottega del vetraio, attraverso la grata ferrata della finestra a piano della strada, una fiammella che arde continuamente, quella che alimenta il soffiatoio del forno - frequenta la sala di anatomia e "cava li oculi de li morti et ne scruta trasparenze ed indole", si accompagna a noto personaggio veneto che "habet reso ampia declarazione di rinnegamento de lo giudaismo negatore de lo Cristo nostro ed in ciò facendo opera buona ma in poi tornando a la fede de li padri suoi", mantiene rapporti con "li provocatori antitridentini de la nostra ecclesia" e, accusa più grave delle altre, "habet avuto processo et assoluzione da lo tribunale nostro di Napoli per la declarazione di ammissione di possessione satanica", è autore di manoscritti quanto meno "venuti in mano de la iustizia divina" e all'esame dell'Inquisizione romana, vanta amicizia con i discepoli di Telesio "che tanto ebbe ad avvelenare le coscienze quivi a Padova quando sciaguratamente fece sodalizio con il giudaico monaco svestito Copernico", è scappato "dalle Calabrie, da Napoli, da Firenze, da Bologna perché inviso et infido".

Gli sbirri lo tallonano. E Frate Tommaso intuisce che l'aria diventa irrespirabile. Ma non ha né la forza né il coraggio di lasciare Padova, anche perché nella serata di una domenica, quando la città sembra dormire, bussa alla porta della bottega del vetraio qualcuno. Sono gli sbirri. Pensa Campanella. E va ad aprire con la certezza di trovare ad attenderlo le guardie dell'Inquisizione.

Piove a dirotto. Il buio è pesto. Campanella senza chiedere chi è, apre lentamente la porta. Che cigola. Alza meccanicamente la lucerna ed un timido fascio di luce, ingigantito dal buio fitto della notte di tempesta, investe in pieno viso due occhi scintillanti che brillano nell'ovale oblungo di un viso incorniciato da una fitta barba che l'umidità fa rutilare timidamente. È gigantesco nella imponenza massiccia. E quell'uomo che ha bussato alla porta della bottega del vetraio chiede a mezza voce di entrare. Frate Tommaso spalanca la porta.

Ha in tasca una lettera del Granduca di Toscana.

Frate Tommaso la legge tenendola con la sinistra mentre con la destra regge, sollevandola, la lucerna. Gli occhi oscillano dalla lettera al viso dell'uomo che è lì, dritto, infreddolito, gocciolante, un cappello fra le mani.

È Galileo Galilei. Un uomo che non duce nulla a

Frate Tommaso. Un viso però che gli ispira subito simpatia come per una irrazionale affermazione di fiducia.

Non ha dimora a Padova. Né sa dove andare. È solo. E Frate Tommaso divide con lui quello che più che un letto è un giaciglio. Che non viene usato perché di notte i due si impegnano in lungo conversare su quelli che sono i temi di fondo delle rispettive ricerche, sugli studi, delle verifiche.

Ma il sodalizio dura ben poco, perché le indagini dell'Inquisizione, arricchite dalle notizie su la frequentazione di un uomo sospetto proveniente da Fiorenza "fanno scattare l'ordine di carcerazione".

Lo fermano per strada. È il 7 febbraio 1597.

Nemmeno il permesso di entrare in bottega per raccogliere nella bisaccia un misero bagaglio. Tanto, dicono gli sbirri, e tutto ben conservato in buone mani. E da queste mani Frate Tommaso è ghermito proprio nel momento più proficuo di una intensa attività culturale.

L'accusa è precisa: "avere nominato Campanella, Calabrese, da Stilo, fatto continua, et notturna, disputazione con conosciuto giudeo".

I giudici del Sant'Uffizio conoscono, per averlo esaminato nelle pieghe più esposte, il processo napoletano a carico del Frate che, anche in questa occasione è di fronte ad una imputazione che non ha nulla di provato ma che apre le porte a condanna severissima, intuisce il pericolo e profittando di un movimento cittadino quale risultato di imposizione di nuove gabelle, tenta l'evasione che in un primo momento grazie alla connivenza di un secondino, sembra quasi riuscire ma che naufraga letteralmente allorché Frate Tommaso, chi dice per ingenuità e chi invece afferma per debolezza, si avvia verso la bottega del vetraio dove sono ad attenderlo gli sbirri. Il rientro alle segrete de Sant'Uffizio è immediato. E la fuga, che non è tentativo, diventa un'aggravante di una situazione già di per sé pesante.

Dall'interrogatorio condotto da due Padri Agostiniani che si alternano, ma senza ricorrere a tortura alcuna, emergono responsabilità ancora più gravi.

Intanto Frate Tommaso per tentare di avere la libertà, se pur vigilata, dichiara con una incomprensibile dose di candore che "lo mio impegno maggiore è quello della nuova scrittura de li libri che lo Santo Uffizio mi ha tolto con l'inganno". E qui la norma diventa scannatoria quando triplica la pena per "lo peccatore che commesso lo errore lo ripete". E non c'è dubbio, nella logica dei Padri Agostiniani che lo interrogano, che Campanella ha commesso un errore quando ha redatto i libri all'esame della Inquisizione e che ha commesso altro errore, e questa volta ancora più grave, perché più maturato e quindi non solo più avvertito ma anche e maggiormente più consapevole. E quando, rispondendo alle domande sulle pratiche anatomiche, Frate Tommaso si sofferma, fino a compiacersene, anche in questa meno opportuna circostanza, sugli studi compiuti alla Università sull'occhio umano, lascia trasparire, come dicono i giudici inquirenti "una propensione diavolesca sulla natura materiale de lo uomo nei cui occhi il nominato scorge lo strumento creato da Iddio nostro Signore per cogliere de lo mondo lo peccato".

L'altro capo di imputazione è il linguaggio irriverente.

È quasi alla conclusione, quando la istruttoria prende una via ancora più pericolosa per Campanella. Quasi per caso uno dei Frati Agostiniani, spulciando nelle pieghe del processo di Napoli, viene a conoscenza che in età giovanile il Frate Calabrese ha avuto "a poco chiari contatti con lo turco inemico della fede". E chiede spiegazioni che Campanella non ha difficoltà a dare, dicendo "che le condizioni della terra mia erano miserevoli e che lo strapotere del Signore de lo Castello imponeva ai contadini una ribellione". Di questa, dice il verbale del Santo Uffizio di Napoli, Campanella è stato l'ispiratore.

Processo complesso quello che, una volta conclusa l'istruzione, sta per essere celebrato. Tanto complesso - nel processo concorrono reati ideologici, formali, politici e religiosi - che il Santo Uffizio di Padova, con decisione che lascia adito a tante interpretazioni, ne investe per competenza quello "superiore" di Roma.

9.

E a Roma, nei sotterranei di Castel Sant'Angelo, Frate Tommaso viene trasferito. In catene. Il viaggio dura parecchi giorni ed il domenicano calabrese ha la possibilità di rifare la strada su una comoda diligenza. Sorride al pensiero che non molto tempo addietro l'ha percorsa a piedi. Con tanta speranza. Ed ora col altrettanta amarezza. Ma non con sfiducia. Stringe i denti e facendo appello ad una vitalità incoercibile progetta la linea di difesa che, una volta a Roma, concretizza in una serie articolata di lettere che invia a Cardinali, a Principi, a protettori potenti ed anche dimentichi.

Scrive nella lettera inviata al Granduca di Toscana che "se fosse peccato contro Iddio onnipotente scrutare ne lo corpo de li uomini e se fosse peccato scendere con umiltate nello animo loro per coglierne le idee, se fosse peccato studiare alla luce dello lume li libri e li codici, allora farebbero peccato le anime elette dalla nostra Santa Chiesa che sono esempi di cultura e di carità".

Né Cardinali, né Principi, né protettori potenti o dimentichi rispondono alle lettere.

Frate Tommaso è sconsolato per tanta viltà. Ma non demorde. E connivente un carceriere riesce ad avere carta ed inchiostro. Scrive un trattato di fisica e si sofferma sulla natura dei metalli.

Il processo termina. Frate Tommaso è condannato

all'abiura "per grave et motivato sospetto di eresia".

Il sedici maggio 1595, Campanella con il coraggio che gli deriva dalla incrollabile voglia di vivere si piega alla umiliante cerimonia pubblica che ha come sede istituzionale la Chiesa di Santa Maria Sopra Minerva. Alla presenza della Curia romana e con la partecipazione di una nutrita folla di curiosi, Frate Tommaso - strappato il saio, rapato a zero, lacero e mendico - dichiara pubblicamente la sua colpa che "este la prova certa della possessione dell'anima mia al demonio".

È un "lapsus", una pecora segnata. Nella solitudine che lo umilia, vive a Santa Sabina, dove è confinato, quello che può essere considerato il periodo più buio della sua vita. Amareggiato, sfiduciato e maggiormente irato contro un isolamento che gli impedisce di mantenere contatti con il mondo della cultura, Frate Tommaso, dimenticato dagli amici che accentuano la distanza da un monaco processato e condannato dal Sant'Uffizio, è utilizzato dalla comunità monastica a disimpegnare ora lavori nel refettorio, ora in cucina e sempre nell'orto del Convento.

Passano quattro mesi ed il contatto con la natura, nella semplicità di una vita che è forse un ritorno alle origini, riaccende nel Frate di Stilo interesse per gli studi.

Con la complicità, questa volta affettuosa, del Padre Superiore, è autorizzato, ma non ufficialmente, a frequentare la biblioteca. Gli viene fornita carta per scrivere. E gli viene concesso il permesso di astenersi dai lavori manuali.

Frate Tommaso, che è obbligato a rendere ragione al Padre Confessore degli studi condotti, non ha la facoltà di scrivere. Ha soltanto quella di dettare al Frate suo compagno di cella. E ciò per un evidente motivo di censura e di controllo.

Nel breve volgere di poco tempo detta una *Fisica* "compendiosa", una severa *Poetica* moralistica, un *Dialogo Politico*. È questo ultimo lavoro quello che lo impegna di più. Finalizzato a contrastare l'eresia dei luterani e dei calvinisti, il trattato diventa un importante strumento di riabilitazione.

Il disegno di Campanella, che fuor d'ogni dubbio obbedisce ad una maturata convinzione, è quanto mai chiaro: creare le premesse per il reinserimento non solo nell'Ordine quanto nel mondo della cultura. Frate Tommaso sostiene con veemenza la categorica necessità, quale imperativo morale, di innalzare un argine "sugli fatti della fortezza cattolica contro gli assalti dei riformati, degli scismatici".

Privo dell'onore della stampa il *Dialogo Politico* polarizza l'attenzione non solo e non tanto degli ambienti curiale che accolgono il lavoro con sospetto e maggiormente con comprensibile diffidenza quanto del mondo culturale di una Roma che vive i momenti affascinanti di una effervescente polemica religiosa su quella che viene definita "la mala fede degli eretici di Lutero e di Calvino".

Invitato al cenacolo di Palazzo Rospigliosi, campanella, grazie ad uno speciale permesso che gli concede il Padre Superiore in considerazione della "buona costumanza di Frate Tommaso da Stilo nelle Calabrie", incontra, ed è la seconda e non ultima volta, Galileo Galilei a Roma su sollecitazione del Principe Massimo Lancellotti.

Al riparo da orecchie indiscrete e da occhi curiosi, Galileo e Campanella trovano ospitalità nello splendore di Palazzo Rospigliosi dove una monumentale biblioteca dà loro la possibilità di condurre con rigore scientifico studi approfonditi sul corso delle stelle ed in particolare sull'influsso della Via Lattea sul moto della Terra. A Galilei, che è burbero nel tratto difficile perché poco incline alle confidenze, Frate Tommaso racconta, nelle lunghe veglie notturne trascorse sull'abbaino del Palazzo in attesa del passaggio di una stella, i passi salienti di una esistenza che riprende a vivere con una fiducia nuova, caratterizzata questa volta dalla consapevolezza di idee chiare, di intenti precisi, di volontà irrinunciabili.

Galileo mette al corrente Frate Tommaso di avere portato a termine le "esperimentazioni di uno strumento che a tua volontate dicisti lo grado de lo calore delli corpi". È nato il termometro. E Campanella segue strabiliato i ragionamenti del burbero compagno di stanza specie quando gli dice che "li corpi tutti, quelli che noi vediamo e quelli che non vediamo perché li sensi nostri sono immiseriti dalla pochezza" hanno un'anima e che quest'anima è calore. Calore vuol dire energia ed energia vuol dire prima di tutto moto. Gli parla di Copernico e gli svela i contatti che il polacco ha avuto con Telesio in un intenso sodalizio ricco d'amicizia e denso di scambi culturali. Come emerge da una fitta corrispondenza che Galilei ha avuto la possibilità di esaminare per conto e su incarico della Università.

Ma quello che affascina maggiormente Frate Tommaso è il ragionamento stringato, essenziale, a volte oscuro e sempre conseguente nella ricerca di quella che definisce la necessità di "rendere ragione alla fede e di appulcrire la fede con la ragione". Che sono, dice Galilei, la dimostrazione, e l'una e l'altra, della presenza dell'Onnipotente nella "anima nostra creata a simiglianza di quella di Dio".

Il giovane calabrese tenta di risalire la china e si impegna, fino allo spasimo, con una presenza sempre attiva, puntuale, intelligente nei circoli culturali di una Roma che benché dominata dalla opprimente supremazia della Curia avverte i lieviti di trasformazione finalizzati al superamento della concezione post tridentina dei rapporti fra l'uomo e la società.

Frate Tommaso che nella prima età, nelle Calabrie, ha toccato con mano gli aneliti di rinnovamento vive questa intensa stagione romana con il ricorrente, insoluto dubbio della ricerca della verità.

Galileo Galilei, nelle veglie notturne davanti a quello spettacolo stupendo che è il cielo stellato a volte ingentilito da una falce di Luna che scompare nel far della notte, gli martella i concetti della ricerca, della verità come momenti essenziali dell'affinamento dello spirito. La verità è una realtà, sostiene Galilei, che noi non cogliamo nella sua interezza e che conquistiamo quotidianamente quale premio alle nostre affermazioni spirituali.

Frate Tommaso ascolta e risponde a volte timidamente, a volte con irruenza e sempre con rispetto. Per il giovane domenicano che è nato nella miseria, che ha conosciuto a Napoli le delizie della opulenza non solo materiale, che ha subìto processi e carcere, il problema da risolvere, e in tempi brevi, è quello del suo reinserimento nei circuiti culturali ufficiali.

Da qui l'impegno veemente contro luterani e calvinisti, la giustificazione della strage dei valdesi a Cosenza. E a tal riguardo, forse inventandolo, adduce delle prove che annuncia in un manoscritto redatto di getto ed inviato al Cardinale Del Roposco, responsabile del Sant'Uffizio. Dice campanella che la condanna degli eretici calabresi, dopo il processo svoltosi a Cosenza, non avrebbe avuto attuazione se gli stessi valdesi non avessero,. come invece hanno fatto, tramato contro le istituzioni vicereali. Il Cardinale Del Roposco, influente alla corte pontificia, enfatizza la testimonianza riportata dal Campanella e lo invita nel Palazzo della Cancelleria, sede del Sant'Uffizio, per "una ulteriore e più dettagliata relazione sugli fatti svoltisi a Cosenza".

È il momento tanto atteso. E se ne parla con Galilei che intanto è entrato nelle buone grazie del Cardinale Apollonio di Fontanafredda. E Galilei, in un impeto di onestà, induce il tremante Campanella a dire sempre e comunque la verità.

L'udienza è fissata per "addì nove di aprile dell'anno del Signore 1597, in audienza innanzi li eccellentissimi iudici de lo Santo Uffizio".

Manca poco più di una settimana. Tornare indietro è impossibile. Equivarrebbe a sottoscrivere la condanna. E poi, tenta di convincere se stesso, a che vale un atto di onestà quando si trasforma in danno personale? Mancano ormai due giorni.

Scrive, legge, corregge, cambia, cancella, aggiunge. Finalmente la memoria è alla stesura definitiva. Ne è soddisfatto soprattutto perché, confessa a se stesso, raggiunge l'equilibrio tra la utilità di dire e la necessità di salvaguardare un residuo senso di responsabilità. È di sabato. Chiuso nella cella del Convento Frate Tommaso che ama la perfezione e che nulla cede alla improvvisazione ripete per l'ennesima volta le parole che una volta dinanzi ai giudici dell'Inquisizione, e questa volta per grazia di Dio né in veste di imputato né in quella ancora più delicata di testimone ma nella funzione di collaboratore, dirà mostrando la sicurezza di chi afferma il vero.

È da poco suonata l'Avemaria. Dal giardino del convento sale con il profumo delle viole che tingono di blu il prato verdissimo sul quale si posano svolazzanti le bianche colombe di Padre Tarcisio, l'odore acre dell'erba falciata di fresco.

Frate Tommaso in ginocchio chiede perdono a Dio Onnipotente come dirà al processo, *per questa mia volontate di dare alla Chiesa l'opera della mia persona.* Un ricordo fuggente agli anni della prima giovinezza. Quando nel buio della casa di Stigliano a sera si inginocchiava davanti al Crocifisso in legno e pensando ai nidi degli uccelli che avrebbe con i compagni di gioco scovato il giorno dopo, chiedeva perdono per i peccati che non conosceva. Ora qui, nella cella del Convento, alla immediata vigilia di un appuntamento con la *storia della vita mia allorché per una parola detta a buono fine mi si consentirebbe di ridare me stesso alla gloria della Chiesa,* Frate Tommaso guarda lontano. L'amicizia con Galilei, la stima del Gran Duca di Toscana, la frequenza alla Università di Padova, la benevolenza del Padre Superiore e, quello che conta di più il riconoscimento del Sant'Uffizio per *lo serivizio che renderà a servizio del trionfo della verità,* sono le componenti decisive di un futuro che per il giovane domenicano calabrese, questa volta, si tinge con i colori dell'ottimismo.

Con questi pensieri, recitato l'ufficio della sera sta per andare a letto quando ode delle voci concitate che vengono dai corridoi. In pace con la giustizia degli uomini e con quella di Dio non presterebbe attenzione al brusìo se questo da vago non diventasse preciso. Qualcuno è davanti la porta. Aguzza le orecchie e fa per accendere la lucerna quando la porta si apre all'improvviso. Nel vano si staglia netta la figura del padre Guardiano.

È successo anche questo. Un bandito calabrese, Antonio Chiaretti, da Bivongi, accusato di omicidio e di furti, condannato a morte con triplice processo alla Regia Udienza della Capitale, salendo il patibolo ha lanciato un'accusa contro Campanella, *monaco datosi a lo demonio di avermi alla notte, alla ora terza di forza fatto mangiare bevanda con carne di serpenti acciocché diventassi forte tra i forti.* La Regia Udienza, in armonia con le leggi sulle pratiche magiche ha sospeso l'esecuzione. Ha ordinato un confronto con Campanella preceduto *dalla esuminazione innanzi lo tribunale de lo Sant'Uffizio a Roma.*

E qui non più in veste di collaboratore viene condotto nella tiepida notte dell'8 aprile 1597.

10.

Il confronto con Antonio Chiaretti non avviene perché il bandito nel tentativo di una male organizzata evasione, resta ucciso nel conflitto a fuoco con i gendarmi.

Per Frate Tommaso che riesce a dimostrare la piena innocenza chiarendo che ai tempi indicati dal Chiaretti trovavasi a Napoli presso il Convento dei domenicani e non in Calabria, tutto volgerebbe al meglio se i precedenti con la Inquisizione non consigliassero ai giudici, in via strettamente prudenziale, di ordinare il rientro di Campanella nella natia Stilo. E ciò *affinché la militazione con li mali intenzionati che gabellano per cultura la voglia de la ribellione* non offrisse al giovane frate l'estro per *altre diavolerie*.

Quanto al Sant'Uffizio, dopo pochi giorni di isolamento, gli viene notificato l'ordine di lasciare Roma e di *arrecarsi a marce forzate nelle Calabrie lì dove in qualsivoglia posto lo stesso voglia dimorare*, Frate Tommaso ricade in uno stato di depressione.

La deliberazione del Sant'Uffizio è inappugnabile. Ragion per cui, senza nemmeno salutare Galilei che ormai raramente lo cerca in Convento, ai primi di luglio del 1598, dopo un estenuante viaggio compiuto a piedi fino a Napoli e a bordo di una nave da carico fino a Crotone, arriva in Calabria e *assicura lo Superiore che prende*

*a dimorare nella natia Stilo presso il piccol Convento domeni-
cano di Santa Maria del Gesù.*

Esasperato per il forzato esilio non riconosce più
come sua la terra calabrese, irritato per la mancanza
di contatti culturali, avvilito dalle piccole beghe della
piccola comunità, rattristato dal ricordo della vita scin-
tillante di Napoli, effervescente di Padova, densa di
contenuti di Bologna e di Roma, oppresso da manie di
persecuzione per il timore di continui ma inesistenti at-
tentati, Frate Tommaso disdegna la compagnia dei confratelli.

È solo in una Stilo che lo ignora. Nel lungo peregrinare da borgo a borgo torna al vecchio interesse sociale e
tocca con mano le condizioni misere della realtà umana.
Non solo in termini economici, quanto civili. Perché di
cultura non se ne parla proprio. Resta allibito, pur se di
fresca matrice contadina, quando constata che a regge-
re, quasi a legittimare questa degradazione è la supina
accettazione di una condizione ritenuta ineluttabile. Per
altro verso avverte che alcuni segnali indicano una ormai ipotizzabile palingenesi. Una attesa messianica che
questa realtà umana vive supinamente senza cogliere
né avvertire i fremiti di rinnovamento che rompono la
precarietà di un effimero equilibrio.

Vivere in Cristo significa predicare la parole del
Signore che per Campanella, non è invito alla rassegnazione ma è incitamento alla lotta perché la giustizia
rappresenta un punto terminale della umanità. Senza
giustizia non c'è pace e non c'è libertà; quindi non c'è
amore. E lì dove non c'è amore non c'è Cristo. Un fratello più che il figlio di Dio.

Nella abulia della gente senza ambizioni e senza
speranze, sa che c'è, perché deve esserci, la chiave che

mette in moto il meccanismo della ribellione. Questa chiave è l'elemento scatenante di un processo rinnovativo che parta dalla ribellione e che abbia come obiettivo la liberazione della Calabria e quindi della gente dallo strapotere vicereale.

Il Convento sorge fuori dal paese. Una strada che d'estate è polverosa e che d'inverno diventa letto di fiume collega la comunità con il centro abitato. Non più di cento persone.

Campanella lascia ogni mattina dopo le preghiere che seguono tante ore di studio il Convento ed a Stilo, meta della passeggiata, incontra una umanità che soffre in silenzio, senza volere porre fine alle pene che accetta, come l'erba accetta la pioggia, quasi per un beneficio.

Questa piccola fetta di umanità diventa nella fantasia di Frate Tommaso la campionatura del mondo. Ed immagina che il mondo altro non è se non la proiezione, moltiplicata per cento e poi per mille e ancora per mille e di nuovo per mille e per mille, di questa fetta di mondo. Il mondo ingigantito in tante unità che mantengono la loro identità. Agire su una di esse significa agire sulle altre per scardinare la catena. Frate Tommaso, ricco di una intensa preparazione che forgia l'anima sua a valutare con fredda obiettività la variegata sfaccettatura della realtà, assume con se stesso l'impegno di scendere in profondità per amore di Cristo che è giustizia. Che è ribellione al potere quando questo è insieme risultato e matrice di ingiustizia.

Il modello politico che vagheggia è semplice. Lineare. Una repubblica comunitaria e teocratica. Il programma che cura nei minimi particolari e che elabora nella certezza di una prossima attuazione parte da un presupposto: la cacciata degli spagnoli. La soppressione della feudalità con il rientro dei beni immobiliari terrieri all'amministrazione di una comunità egalitaria. Come corollario alla eversione. Campanella prevede la cessazione di ogni delega vicereale in considerazione della fine del potere centralizzato. L'amministrazione della giustizia non sarà conseguentemente appannaggio privatistico, ma si attuerà attraverso organi appositamente eletti dalla comunità con votazioni libere e sovrane. L'uomo, nella sua entità morale, diventa nel progetto del Frate il protagonista delle vicende politiche.

L'uomo diventa l'artefice del proprio destino e quindi di quello di una comunità che per perseguire l'uguaglianza abolirà ogni forma di gerarchia piramidale. Sarà il tempo di una democrazia fraterna, pervasa di quella solidarietà che ogni uomo conserva fino ad ora nascosta nella intimità della coscienza e che potere ed arroganza non consentono di affiorare e di affermarsi come componente determinante del comportamento singolo e collettivo.

Frate Tommaso ha fiducia nell'uomo. Crede nella sua disponibilità finalizzata alla realizzazione di un reggimento politico che sia lo specchio delle esigenze e dei bisogni e che sia l'affermazione più compiuta della dignità civile. Su tutti e su tutto Cristo. Che è amore e che è giustizia.

Il programma studiato nei particolari si articola in concatenate fasi attuative. Come premessa la ribellione al Viceregno che strumentalizza la religione facendola suo sostegno.

Sono previsti punti di concentramento, uno dei quali davanti al Convento dei domenicani con funzione di coordinamento di tutta l'azione. Pattuglie volanti hanno il compito di segnalare i movimenti avversari. In tutta la zona interessata, l'Armata è presente con pochi drappelli. Ma a Roccella c'è la sede del Comando spagnolo. E da Roccella a Stilo il cammino è breve.

Campanella prevede un massiccio intervento di truppa per cui anche in omaggio ad una visione ecumenica di giustizia e di libertà, stringe rapporti con due mercanti turchi che periodicamente arrivano a Stilo per il commercio delle derrate e degli effetti d'uso.

Dai primi contatti un vero e proprio patto che è preciso negli impegni reciproci.

Al primo segnale di rivolta, dalla nave ancorata nella baia di Riace, saranno sbarcate armi e munizioni. Come corrispettivo le navi turche imbarcheranno derrate in grano ed una mandria di capre e pecore.

A giugno i contatti tra i congiurati diventano più fitti. A tessere le fila è Frate Tommaso che è metà luglio incontra in un casolare di Castelvetere gli emissari turchi con i quali stabilisce, concordando, la data dell'azione. Il ventitré luglio. Per due motivi: c'è il plenilunio e le operazioni di sbarco e di imbarco risulteranno agevolate; la conseguente alta marea consentirà al bastimento di avvicinarsi alla costa. Ma c'è un'altra considerazione. Questa. Da Giordano Bruno ha appreso quanta influenza la Luna ha sul comportamento umano.

L'incontro di Castelvetere è denso di contenuti operativi. Su un punto i turchi sono irremovibili. Sbarcate le armi e le munizioni, imbarcate le derrate e le bestie, il bastimento toglierà immediatamente l'àncora e ciò in contrasto con la richiesta di Campanella che vorrebbe la nave nella baio almeno fino alla conclusione della prima fase dell'operazione. Forse per assicurarsi una via d'uscita in caso di insuccesso. Ma di insuccesso non parla. Anzi dice con convinzione che segnalazioni inquietanti in terra e in cielo, la macchia che oscura il sole a mezzogiorno, due serpenti intrecciati, la spaccatura della terra e la fruttificazione di una mela su un albero di gelso, dimostrano la benevolenza di Dio.

Da Castelvetere torna a Stilo ma non dimora in Convento forse per timore di qualche delazione. Dorme una notte in un casolare ed un'altra in una stalla, comunque mai nella dimora paterna di Stigliano dove tuttavia riceve trafelati i messaggeri dei centri interessati alla rivolta.

Dà ordini precisi. Impartisce disposizioni. Incoraggia. Incute soggezione ed infonde speranza, perché, ama ripetere *quella che facciamo è la volontà di Dio Onnipotente*.

In un convegno clandestino che si svolge a Davoli la sera del venti giugno è addirittura euforico. Cena con buon appetito e puntualizzando gli obiettivi dell'azione dice in tutta sincerità che alla cacciata degli spagnoli è legata la rinascita della *nostra amata terra*.

A chi obietta che la ribellione potrebbe essere preceduta da un tentativo di mediazione risponde prontamente che *l'inimico della nostra gente crede solamente alli colpi della spada e alle palle dei cannoni*.

La improvvisa indisponibilità del bastimento turco, al comando del capitano Al Bathà, dovuta all'incagliamento nel porto di Tunisi e quindi alle necessarie riparazioni, comunicata a Campanella da uno dei due mercanti, impone il rinvio dell'operazione che slitta di un mese.

Ne dà notizia a tutti i congiurati tramite i responsabili delle singole azioni.

L'appuntamento è per il tredici di agosto. Non ci sarà plenilunio e non ci sarà alta marea ma i festeggiamenti della Madonna della Cava saranno propizi per nascondere i preparativi. Un altro mese. Troppo lungo e quindi troppo pericoloso. Il dubbio che l'Armata possa venire a conoscenza del piano lo ossessiona. Non tanto per i pericoli cui sa di andare incontro quanto per la definitiva fine di un sogno, quello di dimostrare che *li uomini di bona volontate d'accordo con altri uomini di altrettanta bona volontate anche se di diversa fede religiosa solennizzano la volontate di Dio che è unico ed eterno per tutti lodando e vincendo contro li inimici della giustizia e della libertate.*

Vorrebbe aprire l'anima sua a qualcuno. Ma attorno c'è il deserto. Intuisce soltanto un apparente coraggio della gente che nasce dalla disperazione, quella che Campanella ha fatto scoprire ad ognuno nella intimità della coscienza. Ma non trova il riscontro ideale ad una azione che ha la presunzione di realizzare un reggimento politico tale da diventare modello universale.

Nei momenti di meditazione, in questa torrida estate dell'ultimo anno del secolo sedicesimo Frate Tommaso sogna ad occhi aperti un nuovo ordine sociale che sia prima di tutto di giustizia. Che nasce dalla violenza perché la storia non conosce altra molla se non la forza, sia quella delle armi che quella della ragione. La forza come deterrente per la costruzione di una nuova società. Anche Cristo ha violentato i templi distruggendo il paganesimo per indicare all'uomo la strada dell'amore.

Sconfitto nella scalata del potere della cultura sotto il peso della umiliazione, Frate Tommaso, forse inconsapevolmente e certo per rivincita, organizza la rivolta ed attende l'ora dell'azione che ormai è prossima. In queste calde sere di agosto con le stelle cadenti che lasciano nel cielo le scie luminose di incandescenti evanescenze, Campanella vagheggia un ordine nuovo che inequivocabili segnali naturali considerano imminenti.

Mancano pochi giorni. La nave turca costeggia poco distante dal punto convenuto, o congiurati sono all'erta.

Sta per scattare l'ora fatidica.

Tutto è pronto quando due delatori svelano il piano alle autorità vicereali. Immediata scatta la repressione. La zona viene circondata dall'Armata. Gendarmi e cavalieri perquisiscono i casolari, incendiano i raccolti, inseguono i fuggiaschi.

Il diciassette agosto Frate Tommaso, travestito, riesce a fuggire dal Convento di Stilo. Si nasconde a Stigliano ma non nella casa paterna. Poco più di una settimana dopo, il due settembre, sotto le mentite spoglie di pezzente, zoppo, riesce a raggiungere il vicino Convento francescano di Santa Maria del Rito. Ne ha notizia il Conte d'Alberto arrivato a tappe forzate da Napoli per coordinare la repressione. L'Armata circonda il Convento. Un ufficiale bussa al portone. E quando il Padre Guardiano apre, i gendarmi in spregio ad ogni norma, irrompono prima nella Chiesa poi nel Convento da dove, però, Frate Tommaso è riuscito a scappare appena in tempo.

Attende la notte e col favore delle tenebre, stanco, febbricitante e lacero muove verso la Roccelletta dove arriva il giorno dopo. Non ha idee chiare. Sa soltanto che deve sfuggire ai rigori della repressione.

Chiede ospitalità ad un contadino, tale Antonio Mesuraca, che dietro compenso anticipato lo ospita in una capanna di paglia. Avido di denaro diventa sempre più esoso e quando le piccole riserve finanziarie di Frate Tommaso finiscono, il Mesuraca scompare. Raggiunge Riace e chiede udienza al Comandante delle Guardie. Dopo due giorni, il sei di novembre, il Conte d'Alberto circonda con la truppa la capanna ed arresta, "in nome de lo Viceré nostro Signore" l'esterrefatto Frate Tommaso. All'appuntamento con la giustizia mancava solo lui.

11.

In completo isolamento prima a Riace e poi a Crotone dove viene sottoposto ad un primo morbido interrogatorio mirato a puntualizzare nell'immediatezza la dinamica dell'azione, Frate Tommaso non sa chi è finito nella rete dell'Armata. Sa soltanto che tutti i congiurati, al primo interrogatorio, hanno negato "la volontate di detronizzare la maestà reale" ed hanno "fatto svelazione de lo capo loro e signamente de li raggiri, delle promissioni, delle minacce pronunziate dallo monaco.

La casa di Stigliano dopo una minuziosa quanto infruttuosa perquisizione, viene data alle fiamme. Un drappello di armati tenta di penetrare nel Convento francescano di Santa Maria del Rito. Da Cosenza, sede principale del Sant'Uffizio, arriva a Crotone il giudice don Fraschitto del Balzo con il preciso mandato di relazionare fatti, personaggi ed avvenimenti tal da creare le premesse per una chiamata di correità ai danni di alcuni feudatari, Carrafa, Ruffo e Sersale.

L'atteggiamento di Frate Tommaso è lineare: nessuna volontà di sobillare la rivolta contro il Viceregno ma soltanto quella di porre l'accento dell'amministrazione vicereale su un degrado aperto ad ogni più pericolosa evoluzione. Don Fraschitto del Balzo, a volte con blandizie e sempre con subdola sottigliezza, tenta di fare confessare al Frate domenicano - che l'Ordine con tempestivo provvedimento sospende a divinis in attesa che sia chiarito il ruolo avuto nella sommossa - nomi di congiurati, ben precise circostanze, intenti e fini. Ma Frate Tommaso non solo rifiuta di sottoscrivere verbali redatti in anticipo quanto rende ripetutamente dichiarazioni intanto di lealtà verso l'amministrazione vicereale e quello che conta di più di rinnovata "sudditanza". Di nomi nemmeno l'ombra. È loquace negli interrogatori che si susseguono alla gendarmeria, dove alloggia in una cella prospiciente il mare.

La mattina del quattro di dicembre don Fraschitto del Balzo, a metà interrogatorio, con un segno convenzionale allontana il segretario verbalizzante. È solo davanti all'infreddolito Frate. È senza mezzi termini, come racconterà al processo Campanella senza essere questa volta smentito, propone a Frate Tommaso di sottoscrivere una dichiarazione con la quale *"rende piena confessione della ribellione della quale io povero monaco domenicano privo di risorse e animato da illusioni ero soltanto uno tra gli esecutori mentre ideatore, finanziatore ed attuatore era lo nobile principe don Scipione Sersale, feudatario di immensa tenuta in quel di Calabria citra superiore"*.

Frate Tommaso è titubante. In cambio della sottoscrizione della confessione avrà salva la vita, tornerà libero, sarà ospitato in Convento dotato di biblioteca. Ma rifiuta. E come dirà al processo per due ordini di motivi: perché la confessione *"non era rispondente al vero essendo io ed io soltanto depositario dell'idea divina di una palingenesi capace di creare un ordine nuovo, e sarebbe diventata non attuabile essendo gli sbirri privi di parola onorata"*. Quindi un motivo di ragionato calcolo ed un motivo ideale: io Frate Tommaso non posso vendere l'idea che Iddio mi ha dato e della quale sono depositario.

Fallita almeno in parte, la missione di don Fraschitto del Balzo, la Regia Udienza di Napoli avoca a sé l'istruzione del processo; per cui l'amministrazione vicereale mette in moto il meccanismo del trasferimento nella capitale di Frate Tommaso e degli altri congiurati. In totale circa duecento persone. Ma prima di lasciare Crotone, del Balzo compie un ultimo tentativo che trova riscontro nel successivo processo. Frate Tommaso è irremovibile, certo com'è che la corresponsabilizzazione del Principe don Scipione Sersale in definitiva lascerebbe inalterata la sua posizione e toglierebbe invece alla sua persona la funzione di ideatore e teorizzatore dell'azione. La cui ineluttabilità è scritta nel libro del destino.

Il giorno di Santa Lucia, di domenica, un brigantino, due alberi, lascia il porto di Crotone e trasporta a Napoli Campanella ed i congiurati tutti. La traversata è lunga e si svolge in condizione di pericolo per il mare agitato da forti venti. Il brigantino attraversa lo stretto e fa tappa a Messina. Poi punta su Napoli dove arriva verso la fine del mese. Che è anche la fine dell'anno e la fine del secolo decimosesto.

Il brigantino entra nel porto la vigilia di Capodanno. E la Regia Udienza, utilizzando i banditori pubblici, avverte la cittadinanza che "la banda del monaco amico di Satana che ha tentato, lo scellerato, di sobillare i fedeli sudditi calabresi contro l'armata nostra monarchica, sarà tradotta in catena, all'alba del primo gennaio 1600, dalla nave alle carceri della Vicaria. Come prova di lealtà e di amore verso il nostro amato sovrano, vogliano i napoletani assistere allo sbarco".

Favorita dalla mitezza di una giornata di sole, una gran folla accorre sugli spalti del porto. A mattina inoltrata iniziano le operazioni. Con gran cerimoniale. Due squadroni a cavallo nel porto. Soldati a ranghi compatti. Tre squilli di tromba. Il saluto al Re. L'omaggio al Viceré.

Il Cardinale Arcivescovo benedice la bandiera. Poi un colpo secco di cannone. Si apre il boccaporto. E i congiurati in catene sbarcano lentamente. Ogni dieci persone, una presa a caso, è giustiziata da un boia incappucciato. Quando la "gaccia" è sollevata per poi abbattersi sul collo della vittima, la lama scintilla sinistramente. La testa rotola in un paniere che gocciola di sangue e la folla esulta con grida che rompono la monotonia del macabri rito.

Frate Tommaso, incatenato mani e piedi, assiste impassibile. E l'impercettibile movimento delle labbra induce a pensare ad un turbamento interiore che non è pero tradito da segni di paura. Quando è il suo turno, alza gli occhi al cielo. La barba ispida quasi nasconde il viso indurito dalle sofferenze. È maestoso nella solennità di un andamento lento.

Si inchina davanti la bandiera e polemicamente si ferma in prossimità del boia. Come ad interrogare, sfidandolo, il potere. Una volta sulla banchina del porto, il corteo dei congiurati si ricompone. Frate Tommaso è in coda. A distanza dagli altri. Come a voler sottolineare responsabilità assai più gravi. Che gli vengono contestate sin dai primi interrogatori, alla Vicaria, nel braccio riservato al Sant'Uffizio.

L'accusa principale è quella di lesa maestà. È accusato di eresia. E viene riconosciuto quale capo della congiura. Tre reati punibili con la pena di morte.

La situazione diventa disperata. E per le dichiarazioni concitate di quasi tutti i congiurati che lo additano come l'unico artefice della tentata ribellione e per le testimonianze raccolte nella prima fase istruttoria dal del Balzo e soprattutto per le pratiche eretiche e per i riti magici che avrebbe praticato.

Il processo è a questo punto iniziato quando un

conflitto giurisdizionale tra i tribunali locali, lesa maestà, e quelli ecclesiastici, eresia, blocca il procedimento ma non gli interrogatori che, super partes, e per accordi raggiunti, vengono effettuati dai giudici del Sant'Uffizio. Dall'altra parte i tribunali laici e quelli ecclesiastici non hanno fretta di dirimere il conflitto perché perseguono l'obiettivo di fiaccare, con la lentezza, lo spirito di Frate Tommaso e di estorcergli ampie rivelazioni ed elenchi di complici rimasti fino ad ora sconosciuti.

L'istruttoria va avanti fiaccamente. Senonché il sette febbraio 1600, per dare una svolta al processo, i giudici del Sant'Uffizio decidono di "sottoporre il monaco in possesso di Satana al supplizio". La tortura, ancora al primo grado, sconvolge la mente del domenicano che trova la forza di porre in atto un espediente utile. La paura della tortura - le mani legate sulla schiena, in ginocchio con le dita dei piedi "scarciofati all'incontrario" - induce Campanella a chiedere di parlare. Confessa gran parte delle colpe ascrittegli per farsi credere incapace di resistere agli strazi.

Ai primi di aprile inizia con tenacia una simulazione di pazzia tanto abilmente condotta da lasciare dubbiosi i pur tanto diffidenti giudici.

Il diciotto maggio è sottoposto a nuova e più dura tortura. Supera la prova senza tradirsi. È come se il corpo nono gli appartenesse e quando con i tizzoni ardenti gli bruciano i peli delle ascelle, degli organi genitali, le sopracciglie, Frate Tommaso, mostrando piena padronanza di sé, atteggia il viso a quello che dovrebbe sembrare persino un sorriso.

I giudici gli chiedono nomi. Vogliono sapere chi sono gli ideatori della congiura. Chi ha finanziato la ribellione. E maggiormente chi ha preso i primi contatti e chi li ha mantenuti con i Turchi. Vogliono sapere quale ruolo ha avuto il Convento francescano di Santa Maria del Rito. E quale funzione il Principe feudatario di Stilo.

Frate Tommaso Tace.

Ai primi di giugno del 1600, Papa Clemente VIII, pressato dalla Curia, rompe ogni indugio e dopo un incontro tempestoso con il Generale dei Domenicani, lo spagnolo Padre Enrico Morenas de la Villa, firma il "breve", pronto da tempo, di costituzione del Tribunale deputato a giudicare la causa della congiura. È un procedimento particolare che nulla toglie al Sant'Uffizio. Il "breve" stabilisce, in considerazione della eccezionalità e della gravità del caso, che la fase della istruttoria *"venga assegnata allo rigore delle norme giuste dettate da lo Vangelo di Cristo lo quale dice ed ammonisce che è dovere nostri di cristiani estirpare la mala pianta che dona scandalo a li buoni homini timorati da Dio"*. E le "norme giuste" sono quelle del Sant'Uffizio. Del Collegio Giudicante, Papa Clemente VIII chiama a far parte il Nunzio Apostolico accreditato presso il Viceré di Napoli Cardinale Iacopo Aldobrandini ed il magistrato curiale don Pedra de Vera, famoso per aver teorizzato, alla fine del secolo decimosesto, *"lo dovere de la Chiesa di punire lo malo corpo de lo malo cristiano per salvare l'anima dello stesso e restituirla a Dio Onnipotente"*.

In questa seconda fase istruttoria e quando gran parte dei congiurati è stata giustiziata a seguito di un processo sommario, il Sant'Uffizio incarica don Luis de Xarava del Castillo, tanto astuto quanto penetrante con una benevolenza che non tradisce il fine ultimo di un obiettivo finalizzato all'acquisizione di fantomatici ispiratori della ribellione.

Don Luis usa le buone maniere, diventa suadente e mostra di interessarsi agli studi condotti da Campanella quasi a stabilire rapporti ideali per una confessione che però non viene. E dopo le blandizie di del Castillo, implacabile l'altra faccia della medaglia: i metodi duri, a volte disumani e sempre dolorosi per il corpo e per lo spirito, di giudici spietati.

È una metodica studiata a tavolino per fiaccare la personalità dell'inquisito fino a fargli stabilire un paragone fra i due momenti e per dare a quello della blandizia il carattere della sospirata attesa e della confidenza. Ma Frate Tommaso intuisce la sottigliezza del gioco e ne accetta le regole resistendo con inusitato coraggio a quelle torture nelle segrete del "coccodrillo" e al tormento del "palladio".

Spiato giorno e notte accentua, quale ultima speranza di vita, la finzione di una pazzia che studiata alla sintomatologia appresa a Padova nella avventura universitaria, lascia increduli i giudici del Sant'Uffizio ma mette in moto i meccanismi giuridici che sono, questa volta, chiari e precisi.

Alla metà di giugno i Giudici ordinano la prova legale risolutiva, il tormento "enorme" della veglia. In luogo della rituale mezz'ora, Campanella resta appeso alla fune con le braccia slogate per ben quaranta ore. E quando per l'atrocità del dolore cade in deliquio, lo si cala a sedere su un legno tagliente di quercia, che gli sega la carne delle cosce.

Il verbale del supplizio, nel rozzo idioma a cavallo tra il latino curiale ed i termini dialettali calabresi, focalizza la lucidità di Campanella, che, dopo un attimo di smarrimento, è sempre presente a se stesso.

Il Giudice esorta alla confessione. Frate Tommaso risponde: dieci cavalli bianchi. Il Giudice irride al dolore dell'inquisito e lo esorta a trascurare il corpo ormai perduto ed a pensare invece all'anima. Frate Tommaso, distrutto dal dolore, ha la forza di dire: l'anima è immortale.

È solo contro la potenza terrena. Solo nel dolore che sopporta stoicamente nella speranza della sopravvivenza.

Un giorno intero. Lungo. Come la notte. E quando alle prime luci dell'alba sale da lontano la tromba dei bastimenti che lasciano il porto e quando gli ultimi bagliori delle candele sono vinti dallo sfolgorio della luce del sole che filtra dalle fitte, doppie, cancellate, un'ultima tortura non riesce ad estorcere i segreti di un'anima.

Stanco, il Giudice, sfibrato, ordina che venga deposto dal tormento e ricondotto in cella dove l'aguzzino di turno, gli riordina le ossa.

Dopo qualche ora arriva il notaio per constatare la pazzia.

E qui due avvocati discettano. A lungo. Giambattista de Lesuardis e Giovanni Sances de Luna.

Dice il primo: la constata pazzia dell'inquisito richiede l'applicazione dei canoni dodici e quattordici secondo i quali il pazzo non può essere giustiziato perché non avrebbe modo di pentirsi e l'anima sua sarebbe irrimediabilmente perduta ricadendo la responsabilità sul Giudice che l'ha mandato a morte.

Di parere diverso è il secondo, nella qualità di avvocato fiscale. Dice: la pazzia intanto è simulata. Ma anche se non lo fosse non ostacolerebbe la condanna. I delitti dell'inquisito sono tanti e tali da sottolineare che Iddio lo ha abbandonato e che Satana ne è il padrone. Il pentimento è atto di redenzione. Che in Campanella non c'è. Tanto è che persegue la strada del male.

La controversia è portata al giudizio del Nunzio Apostolico, quale Presidente del Tribunale per nomina di Papa Clemente VIII.

Il giudizio, sofferto, arriva dopo qualche mese.

Tommaso Campanella è giuridicamente pazzo. Vanno applicati i canoni dodici e quattordici.

La vita è salva. E ne è felice. E lo dice al carceriere con il quale instaura un legame che è di reciproca comprensione. Frate Tommaso chiede carta, inchiostro e candele in cambio di promesse che ammanta di credibilità. Chiuso nel pozzo profondo di una prigione scavata nella terra, per tacito accordo tra i tribunali civili e quelli ecclesiastici viene quasi dimenticato non solo dalla giustizia, ma anche dai pochi amici che lo abbandonano ad un destino amaro.

Fino al luglio del 1604 rimane nel Castel Nuovo di Napoli.

È solo. Immensamente, desolatamente solo. Parla con le lucertole e sorride ai topi. Alza gli occhi verso un cielo che è sideralmente lontano. Mai un raggio di Sole. Né la luce del giorno. E scrive e scrive sempre. Al lume di mozziconi di candele che il compiacente carceriere gli fornisce unitamente a sudici pezzi di carta.

In questa prigionia desolante compone fra l'altro, la *Monarchia di Spagna*, gli *Aforismi politici*, la *Astronomia*, la *Metafisica*, il *Senso delle cose*. E riscrive la *Città del Sole* che è forse, il testamento spirituale di questo uomo che vagheggia una utopistica giustizia guidata sull'uguaglianza che abbia come pilastro la libertà e l'indipendenza.

Ai primi di agosto, cambia il carceriere. E accusato di un confuso piano di fuga viene trasferito a Castel Sant'Elmo in una sotterranea fossa che gronda umidità e che segna la tappa più dolorosa del suo calvario. E qui ricorda, nella solitudine che se da un lato lo opprime, dall'altro gli consente di trovare in se stesso la forza per reagire e per continuare a sperare, i momenti, lunghissimi, come un secolo e forse di più, della tortura e per smentire il determinismo degli influssi astrologici, su una di quelle carte sudice che il carceriere gli fornisce in cambio di una minestra che non mangia, *"se in quaranta ore di tormento un uomo non si lascia dire quel che si risolve tacere, manco le stelle, che inchinano con modi lontani, possono sforzare"*.

La "fossa del coccodrillo", in Castel Sant'Elmo, segna il culmine del suo calvario. È un vano cieco scavato nella terra, profondo, cui si accede scendendo per ventiquattro scalini. Il prigioniero viene "ferrato" alle pareti di pietra, grondanti umidità. Ha a disposizione un giaciglio di paglia e solo per mezz'ora al giorno gli viene concessa "un poco di lume per la lettura del breviario".

Immerso in profonde meditazioni e a contatto con un carceriere che occasionalmente concede deroghe al regolamento, Campanella resta nella fossa per quattro lunghi anni. È in questo periodo che compone alcune delle liriche più toccanti, che scrive opere di particolare valore. Il compiacente carceriere, a Napoli non sono pochi quelli che contribuiscono a corromperlo, porta all'esterno della fossa le opere di questo indomito pensatore il cui ingegno sembra diventare più acuto quando le sofferenze si fanno più intense. Scrive su lembi di carta con grafia minuta a volte illeggibile ma sempre ferma. Nascono la *Monarchia del Messia*, gli *Antiveneti*, i *Discorsi ai Principi d'Italia*, *Ateismo Trionfato*. Sono suppliche di libertà, offerte di servizi, invettive profetiche, sconfortati lamenti che amici devoti trascrivono ed inviano al Pontefice, a Cardinali, ai potenti della Terra.

Nell'aprile del 1618 riesce a spedire a Roma un memoriale chiedendo di venire liberato dal carcere "sotterraneo ed insalubre".

Il due maggio il Sant'Uffizio, con atto di clemenza suggerito dagli ambienti curiali più aperti ai circoli culturali, delibera di scrivere a Napoli raccomandando di alleviare la reclusione, "con l'impegno di assicurarsi contro qualsiasi tentativo di fuga".

Frate Tommaso lascia la fossa e sempre guardato a vista ma non più in catene gode in Castel Sant'Elmo di una detenzione che è severissima ma meno crudele e quello che conta di più tal da consentirgli intanto di consultare, se pure attraverso la fitta rete della censura, libri e manoscritti e di adoperare "allo suo pieno piacimento" carta ed inchiostro "nello iorno e nella notte". In più gli viene concesso, stante le precarie condizioni di salute che lo inchiodano a letto per una artrosi deformante che non gli consente di utilizzare le mani, un segretario, al quale detta, con rinnovata lena, una nuova *Poetica*, una nuova *Retorica*, una *Dialettica*, una *Storiografia*, una *Medicina* ed una *Astrologia*.

Riceve visite di studenti e di studiosi con i quali si intrattiene a lungo senza mai tradire sentimenti di umano risentimento. Impartisce lezioni a giovani discepoli.

Ed è uno di questi, più per vanteria che per cattiveria, l'appena diciottenne figlio del duca di Benevento don Alfonso Maiestate, che forse alla ricerca di una importanza che non ha e certo alla conquista di favori spagnoli, "fece rivelazioni di un piano di fuga de lo monaco calabrese". È quanto basta perché, a cavallo tra il 1610 ed il 1611, Frate Tommaso torni in catene nella fredda umidità della "fossa" dove con inusitato rigore è rinchiuso per altri lunghi quattro anni. A nulla vale la simpatia del Viceré duca d'Ossuma uomo colto e raffinato che si vanta di conoscere le opere del Campanella.

Nel buio della "fossa" guardato a vista da ignobili carcerieri, Frate Tommaso pensa con rimpianto a Castel Sant'Elmo e compone liriche di non comune sensibilità. Che per le vie rimaste tutt'ora sconosciute riescono a circolare negli ambienti culturali della Capitale dove il ricordo della congiura anti spagnola è ormai un pallido punti di cui pochi hanno memoria. E sono questi ambienti caratterizzati da un fervore umanistico aperto alla circolazione delle idee che esercitano non poca pressione sulla giustizia vicereale per allentare il rigore della carcerazione.

È di maggio. Il 1618. Con decreto del Viceré, Frate Tommaso "alla considerazione obbediente della sua bona condotta et avuta notizia della precarietà della salute sue" viene "liberato" dalla "fossa" e rinchiuso in Castel Nuovo che è certo il più confortevole carcere napoletano.

Contornato da discepoli premurosi ed attenti, sostenuto dalla speranza di una benevolenza curiale e vicereale e ancor di più animato dalla gioia di vivere, nella cella di Castel Nuovo, che si affaccia sul mare di Posillipo, compone le opere più importanti di una vasta tematica. Scrive *Quod reminiscentur*, che è il vademecum in termini teologici e filosofici dei missionari che in tutto il mondo esercitano azione di proselitismo. Scrive ancora una coraggiosa *Apologia in difesa di Galileo*; l'immensa *Teologia* in trenta volumi; l'esauriente *Instauratio scientiarum* che e una gigantesca enciclopedia di tutte le scienze.

Ma il chiodo fisso è la libertà. Quella cui anela.

E la libertà, quando le carte del processo che tanto scalpore destò non solo nel Viceregno, sono andate del tutto perdute, giunge il ventitré maggio del 1626.

Ventisette anni di detenzione continua. A volte disumana, sempre avvilente.

Frate Tommaso esce da Castel nuovo di buona mattina. Ha in mano la bisaccia che l'ha accompagnato per tutta la vita.

Crede d'esser solo e l'attende invece, festante, un gruppo di studenti che improvvisano una manifestazione di calda simpatia. Ma Frate Tommaso, commosso, curvo sotto il peso delle sofferenze, ha occhi solo per l'immensità del cielo che scruta con la gioia di chi per la prima volta coglie la delicatezza delle tinte, le sfumature, le fughe delle nuvole che si rincorrono nel cielo.

E torna al Convento di San Domenica, dove trentacinque anni prima aveva ceduto all'impulso della ribellione. Un mese. Soltanto un mese nel Convento di San Domenico, E poi di nuovo in catene, tradotto a Roma per "rispondere al tribunale ecclesiastico di quei fatti che la giustizia laica gli aveva rimesso dopo una così lunga detensione".

A Roma è rinchiuso, in una blanda prigionia, nel palazzo del Sant'Ufficio, alla cui cella, al piano interrato, arrivano con le folate del ponente i rintocchi del campanone di San Pietro.

Due anni. E poi la libertà. Concessa personalmente da Urbano VIII per le cui poesie latine Frate Tommaso, in epoca non sospetta, aveva dettato, dal carcere napoletano, un erudito commento che tanto aveva colpito l'allora Cardinale, ora Papa.

Riconoscenza? Forse. Anche perché Campanella confuta vittoriosamente gli astrologi che predicano la morte del Pontefice.

Da Benedetto Castelli che è a Roma per la pubblicazione, a dir poco travagliata, del trattato di ingegneria idraulica da titolo "Della misura dell'acqua corrente", Campanella ha notizie di Galileo Galilei. E apprende con trepida commozione che da qui a pochi giorni il vecchio amico con il quale nella lunga prigionia ha mantenuto rapporti, se pur saltuari, di corrispondenza, sarà in Vaticano.

L'incontro, denso di emozioni, avviene ai primi di maggio del 1628 quando Galilei bussa al portone dorato del Principe Federico Cesi, capo indiscusso dell'Accademia dei Lincei che resta un'isola di indipendenza scientifica, per sottoporgli quel Dialogo sui massimi sistemi che stenta a ricevere l'imprimatur della Curia. Ne parla diffusamente con Frate Tommaso e insieme discutono, nelle lunghe notti trascorse nel Convento dei Domenicani, fuori Porta San Pancrazio, animatamente. Campanella ostinatamente attestato su posizioni rigide della influenza che gli astri esercitano sui fenomeni naturali - prende ad esempio le maree - e Galilei convinto assertore della rotazione della Terra quale causa, e in non poche occasioni anche effetto, dei fenomeni naturali "non altrimenti intellegibili". È la scusa. È la scusa buona, per affrontare in termini scientifici, l'esame dei due massimi sistemi cosmologici, il tolemaico ed il copernicano.

Il dieci maggio, giorno fissato per l'udienza a Palazzo Cesi, Galilei rivolge preghiera a Campanella di "volerlo accompagnare nella principesca dimora dello capo delli Lincei". E Campanella, lieto della circostanza, è felice di incontrare e quindi di conoscere quello che è considerato il Mecenate più illuminato di Roma.

L'udienza avviene nella sala centrale del Palazzo. Ed il Principe che conosce Campanella più dalle vicende che dalle opere non è avaro di complimenti, di apprezzamenti e di auguri. Nel concreto affida al monaco calabrese l'incarico di ordinare l'immensa biblioteca dei Lincei e di valutare prima, e di proporre poi, la pubblicazione, "in istampa", di quei codici che dovesse ritenere degni di attenzione.

Le vicende della pubblicazione dell'opera di Galilei, prima autorizzata e poi revocata dalla Curia con l'ordine di comparizione dell'Autore al Tribunale dell'Inquisizione, condizionano il rapporto tra il Principe e Frate Tommaso. E immerso nel lavoro di ricerca, di selezione, di valutazione quando, su suggerimento del Sant'Uffizio, il Principe Federico Cesi è costretto, e a malincuore come dice espressamente, a "licenziare lo bono monaco".

È di nuovo solo. In una Roma che esplode nel trionfo post tridentino della intolleranza, dell'integralismo e della intransigenza.

Nel lasciare Roma diretto a Firenze, Galilei, afflitto per i sospetti che l'opera sui sistemi cosmologici desta negli ambienti curiali, scrive una accorata lettera a Frate Tommaso: "Voi che avete conosciuto i rigori della malignità umana potete e dovete capire le mie pene. Sono a un bivio, mio antico amico. O modifico l'opera o, le porte della prigione si aprono per me". E continua dicendo che Padre Nicolò Riccardi, Maestro del Sacro Palazzo, gli ha intimato che "lo sistema eliocentrico debba essere presentato nell'opera che vi siete benignato di sottoporre allo nostro iudizio, come pura ipotesi matematica; e debba essere detto con simplicitudine che è ferma la regola della pericolosità dello sistema, contrario alla parole di Dio riportato nel libro della verità".

La lunga lettera che galilei riesce a far pervenire a Frate Tommaso può essere considerata un testamento spirituale soprattutto quando dice: "Filippo Salviati sostenitore di parte copernicana, Gian Francesco Sagredo ascoltatore colto ma profano, Simplicio tradizionalista e amico di libri senza contatti con la natura", i personaggi che dialogano nell'arco di quattro intere giornate, "sono inventati, ma veri. E rappresentano l'umanità nostra". Dopo precisazioni e notazioni, l'appello "e forse sarò costretto a modificare. Ma sappi e dillo che non vorrei farlo. Vi dono quindi una copia dell'opera che il buon

Castelli ha trascritto. Abbiatene cura".

E invece cura, suo malgrado, non può averne. Perché all'alba del ventisette settembre del 1634, dopo sei anni di intensa attività svolta in una Roma che gli si fa amica per la protezione di Urbano VIII, i Giudici del Sant'Uffizio bussano al portone del Convento dei Domenicani fuori Porta San Pancrazio.

È successo anche questo.

Frate Tommaso Pignatelli, giovane domenicano calabrese, appartenente a famiglia di antica nobiltà, anche se per ramo cadetto, è accusato di tenere le fila di una congiura antispagnola che avrebbe dovuto determinare "lo sfaldamento dell'amministrazione vicereale nelle terre dello Ionio".

Il giovane Frate, è subito sospeso "a divinis" dal Vescovo di Nicastro, e disconosciuto dal Principe Pignatelli che, a Napoli, chiede immediata udienza al Viceré per "fare rinnovazione di fede e di sudditanza alla Maestà Spagnola".

Arrestato e tradotto nel carcere di Nicastro, Frate Pignatelli, forse ammalato di protagonismo e certo sopravalutando un proselitismo che non c'è, confessa reati superiori alla loro entità. E dichiaratosi discepolo ed ammiratore di Campanella considera il Frate di Stilo l'ispiratore di una rivolta che "voluta dal cielo ed iniziata da quello Santo homo che è Frate Tommaso Campanella trova in me un piccolo ma deciso continuatore".

È troppo chiara la modesta portata di una ribellione che resta circoscritta alla focosità del Pignatelli. Ma il Vescovo di Nicastro informa della cosa il tribunale penale di Catanzaro e per competenza il Santo Uffizio di Cosenza. Che trasmette gli atti a Napoli. E da Napoli volano a Roma.

Basta un sospetto. Più che una delazione quella del

Pignatelli è una bravata. Ma quanto basta per rimettere in moto il meccanismo della giustizia nei confronti di Campanella.

È anziano. Cadente nella persona. Ma vivo nello spirito. Molto vicino alla Curia romana per dimestichezza con l'anticamera papale.

Il pericolo di un nuovo processo diventa reale. E Urbano VIII, avuta la notizia, suggerisce a Campanella di precedere l'azione giudiziaria e di guadagnare la Francia. Travestito da Minimo parte il ventuno ottobre 1634. Il viaggio è agevole anche perché gode dell'ospitalità dell'ambasciatore a bordo di un tiro a sei. A Livorno si imbarca per Marsiglia. Poi di nuovo sulla carrozza del Conte De Lubry, sosta ad Aiax prima e a Lione dopo.

Il primo dicembre, sempre nel 1634, arriva a Parigi ed è accolto trionfalmente dal mondo della cultura che vede in Campanella il rappresentante più illustre di quella intelligenza umiliata da uno strapotere a volte opprimente e sempre finalizzato alla soppressione degli aneliti di indipendenza e di libertà.

Ma Frate Tommaso non cede alla tentazione di una facile strumentalizzazione e mantiene quella dignità che ha caratterizzato in lunghi anni di prigionia il suo calvario.

Né presta il fianco a connivenze culturali. Ospite dell'Accademia di Francia, dove è accolto trionfalmente nella tornata inaugurale del gennaio 1635, svolge fra la più viva attenzione una dotta relazione sul rapporto esistente tra fede e scienza. E senza confutare il diritto dell'autorità ecclesiastica di chiedere al cattolico la piena osservanza delle regole dettate dalla gerarchia, rivendica all'umano pensiero non tanto il diritto quanto il dovere di "glorificare Iddio Onnipotente attraverso la affermazione di quella che in buona fede è considerata la verità". Fede e scienza sono due mondi e, dice Campanella, "Telesio ci ha insegnato che quella serve a conoscere Dio e questa serve a conoscere il mondo che è opera di Dio".

Con lettera credenziale dell'ambasciatore di Francia alla corte Pontificia - "lo presente Frate Campanella, di scienze e di umane lettere dotto, gode della benevolenza di Sua Santità" - è ricevuto dal Cardinale Richelieu che lo intrattiene a colloquio e ne apprezza la intelligenza viva, la risposta pronta, le idee chiare, l'onestà morale.

A Frate Tommaso il Cardinale Chiede notizie sul rapporto esistente tra Spagna e realtà sociale italiana. E Campanella risponde onestamente che "non è la Spagna nemica degli italiani ma nemico degli italiani è lo straniero, che oggi è la Spagna".

Dal monaco di Stilo, Richelieu ammira la franchezza specie quando confessa che "la ribellione per la quale mai pentito sono né mai pentirommi, sarei pronto a rifarla contro ogni velleità di usurpazione".

Da poco firmata la pace di Alais, la Francia riconosce libertà di culto agli ugonotti. E di questa libertà Frate Tommaso è assertore. Tanto che diventa consigliere politico del potente Richelieu.

La guerra dei trent'anni infuria. E Parigi in festa saluta la nascita, ormai insperata, dell'erede al trono. Il futuro Luigi XIV.

Frate Tommaso è ricevuto dal Re. Gli parla dell'anima dell'uomo che nasce libera e libera diventa l'immagine di Dio; gli parla di fisica e di matematica; gli parla del moto della Terra, della immobilità del Sole, del valore scientifico delle Sacre scritture. Gli parla di venti e maree.

Il Re affascinato dalla personalità del Domenicano

gli assegna una pensione. Che Frate Tommaso non godrà, perché all'alba del ventuno maggio 1639 chiude per sempre gli occhi in una piccola cella del Convento della Rue Saint-Honorè. L'ultimo sguardo è rivolto a Dio, cui, forse, Campanella non ha mai creduto.

È sepolto nella fossa comune. Per sua volontà.

"Nasco dalla terra e quivi voglio tornare".

Parigi lo piange. E con Parigi è in lutto la cultura, quella senza aggettivi.

Sommario